聖嚴法師
教

默照禪

聖嚴法師・著

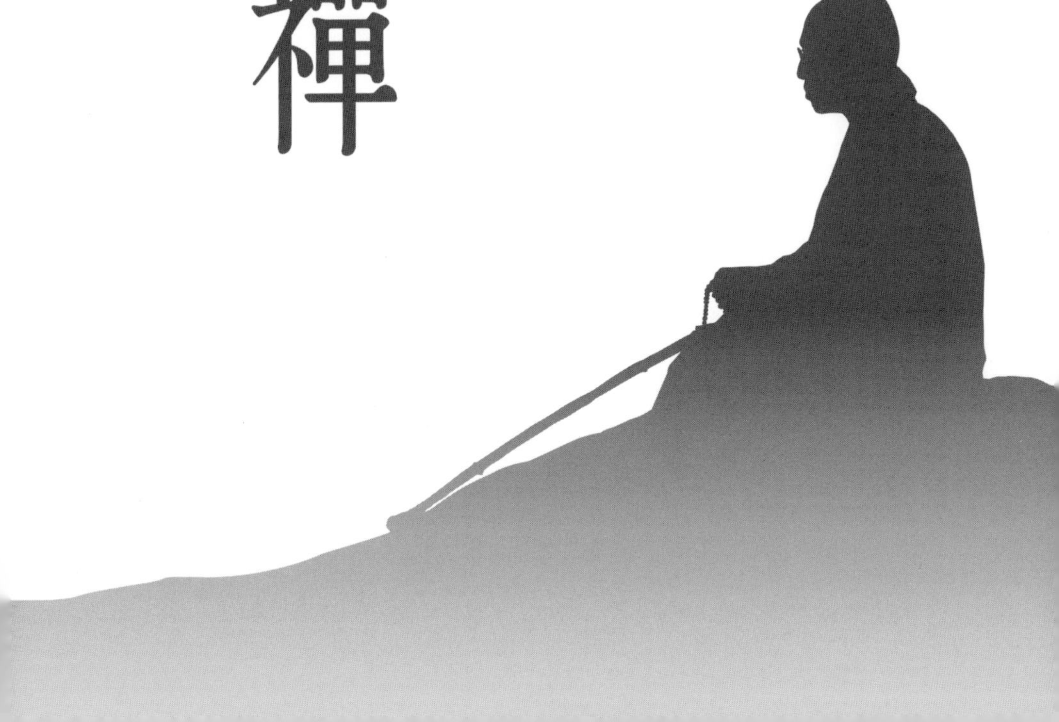

編者誌

同時傳承了中國禪宗臨濟（話頭禪）與曹洞（默照禪）兩個法脈的聖嚴法師，早期，是以教導數息觀以及參話頭為主，但是到了一九八〇年，開始在禪修期間指導默照禪法，並且從一九九八年開始，陸續舉辦專修默照的禪七、禪十、禪十四、禪四十九。至今，聖嚴法師已親自主持超過十次以上的密集默照禪修活動，受益者不計其數，然而法師卻遲遲未有一完整講授默照禪法的專書。因此本書的出版，可謂圓滿了各界多年來的殷切期盼。

由於聖嚴法師每次禪修期間的開示，都會依據參與禪眾的程度，以及現場問答互動的狀況而有所不同。也就是中心主旨不變，內容或有雷同，但講授的風格、角度卻相當多樣，由此也看出法師接引禪眾之善巧，運用禪法之靈活。因此，本書也特別收錄了三次禪期的開示，以期讀者能從法師所開的不同的「門」

進入，而又門門相通。

這三部分，分別為：

一、**默照禪法：**為二〇〇一年五月默照禪十四期間上午的開示，由於內容層次特別分明、嚴謹，為歷年來之少見，編者又重新加以歸類整編、補充資料，使其更為完整，堪稱修行默照禪法的最佳指導手冊。

二、**象罔默照禪十開示：**為二〇〇二年六月間的默照禪十全程開示內容。此次開示中，聖嚴法師充分展現禪師的機用活潑，期間有不少信手拈來的小故事，甚至就是禪修當天、當場發生的事件，法師的回應敏捷而睿智，卻又幽默風趣，讀來尤其令人拍案叫絕。

三、**〈坐禪儀〉講要：**聖嚴法師曾多次講解過〈坐禪儀〉，足見其重視的程度。本文講於二〇〇一年十二月的默照禪十期間，以消文釋義的方式說出，是〈坐禪儀〉最完整的詮釋。

本書是聖嚴法師多年來傳授默照禪法的精華，希望透過本書，讀者在一窺禪門堂奧之餘，也能真正走入禪堂，開始禪修，親身體驗實證默照禪法，並將禪法的觀念與方法落實到日常生活中，為我們的人間，帶來安定的力量與真正的平安。

編案：二〇一九年版收錄〈英國威爾斯默照禪七開示〉一文，目次亦隨之調整，原第三篇之「〈坐禪儀〉講要」改為第四篇。

推薦序

解構時代的重新建構之道

楊蓓

這不是一個安靜的時代。紛亂、歧異、虛擬、亢奮、低迷……，太多的衝擊，讓現代人壓力叢生，心神始終不知何處安置，對於自心的澄澈、清朗、寧靜，往往於追逐中益形緣木求魚。由心理健康的角度來看，現代人需要的不只是養生、練氣或心理治療，而是一套足以安身立命的生命智慧和處世哲學。默照禪法，為這個亂世提供了一個究竟的出路。否則聖嚴師父不必以高齡之身仍然風塵僕僕地於世界各地帶領禪七，遍灑默照禪的種子，也不會所到之處，毫無東方文化背景的禪眾，如此迫切地渴望師父的教導。

有幸參與過十來次師父帶領的默照七、默照十、默照十四，也有幸率先閱讀了這本由默照禪修開示所彙整出來的《聖嚴法師教默照禪》，邊讀邊回味，腦海中還不時憶起禪堂中師父開示時的領會、開懷、羞慚與感恩。縱然，有些內容已經一聽再聽，但是仍然如醍醐灌頂，如夜路明燈，讓心再次回到明靜。

其中最精妙之處，莫過於師父總在開示中讓人不論在修行過程，或生活歷練的夾縫中，指出一條明路。

其實，修行過程中，困頓常來自於自相矛盾，例如：「想要」精進，卻妄念不斷；「想要」開悟見性，卻又留戀執著；「想要」綿密用功，卻又落於緊抓或者放逸；「想要」放捨，卻又貪著坐一炷好香。日常生活中，又何嘗不是如此？常常想要的太多，而忘了自己真正需要的是什麼，於是追逐了半天，尚且不知自己在兜圈子，原地打轉，久而久之，焦慮、憂鬱一一現形。

書中，除了介紹默照禪的方法之外，更重要的是師父用各種角度的說明、譬喻，來協助禪眾掌握修習默照禪的態度，而這種態度本身即是默照、即是空觀，這正是師父為現代人指出的這條明路。

例如：不「除」妄想，不「求」真；一旦有了「除」或「求」的念頭，都與默照不相應，於是修行，不求開悟，也不害怕開悟；又如：散亂心、集中心、統一心到無心，是修習過程中，「心」的變化階段，但這些階段是自然發生的，不是刻意進行的，甚至默照修行方法的次第，都不是作意的，那麼修行的時候，就只剩下單單純純的「默」與「照」，於是「矛」與「盾」都放下了，只剩下方法，到頭來，連方法也不見了。這讓我想起師父對「空觀」的闡釋：「不偏左，不偏右，也不執中。」這種態度，正是默照的處世智慧，也是現代人自心困頓的解脫之道。

有人會說，這樣的處世智慧太難了，要何時才能修成？師父用幽默的譬喻告訴眾人：動物因為沒有前念、後念，所以對「當下」最敏銳，因此，常能預知災難的來臨。所以連「太難了」這一念都是妄念。不論修行或日常生活，如能法住法位，何來「偏」與「執」呢？

而在禪堂中，師父總是擁有如神通般的敏銳，對禪眾做出適時切中的開示，來解惑、引導，所以本書中所呈現的各種主題順序，其實都是按當時禪眾的修行歷程而顯現。若以象岡默照禪十為例，讀者不妨對照一下自己的禪修經驗，當能體會出經驗豐富的明師，如何在默照中體察出百多位禪眾的心路歷程：有時解惑，有時陪伴，有時提點，有時引領，有時警惕；這是何等深廣的明與知。所以，默照中，不是什麼都沒有了，而是什麼都恰如其分地有了。

本書中涵蓋三大部分，讀者可能會發現：〈坐禪儀〉是最精簡的提要，〈默照禪法〉十分實用，而〈象岡默照禪十開示〉卻善巧地與禪修歷程融合。這三部分目標一致，卻有不同的風貌，以便引導不同需求的禪修者，這是編者的用心良苦，希望所有的人均能受益。

有人說，這是一個什麼都在解構的時代，也是一個什麼都需要重新建構的時代。就如同師父在開示中，為現代人所關心的「愛」與「快樂」理出脈絡時，師父將古老的佛法與現代人的生活，又有層次地扣在一起了。每每坐在禪堂中聆聽師父開示時，默思這個時代、這個世界，心中不免生起一些憧憬：當人人的心中建構起默照的清流時，這會是一個怎麼樣的世界呢？

多說無益，打七去吧！

（作者為法鼓文理學院特聘副教授兼生命教育碩士學程主任）

目錄

第二篇　象岡默照禪十開示

第三篇　英國威爾斯默照禪七開示

第四篇　〈坐禪儀〉講要

第一篇

默照禪法

壹、默照禪的旨趣
——照見本來面目，體現本地風光

默照禪法是最容易用的修行方法，不需要像修次第禪觀那樣，一個次第一個次第地修。但是，默照禪法的功能是涵蓋著次第禪觀的。因為其內容是非常直接，用的方法也非常簡單，只要掌握著不把自我意識的執著心放進去，不做瞻前顧後的妄想思索，當下是什麼便是什麼，那就跟本來面目相應了；放捨我執是「默」，清清楚楚是「照」，這就是默照禪。

一、什麼是「本來面目」？

所謂「本來面目」，有的人說是在未出娘胎之前的本來面目，這可能會造成一些誤會，認為是中陰身、是識、是神、是鬼、是靈魂，不同的宗教信仰者，會給它不同的名稱，那都是生死界的生滅因緣，不是本來面目。禪宗的意思是說，在沒有生與死之前的本來面目是什麼？已經進入了生死，這是一種現象，是身體的現象、心理的現象、環境的現象，這些現象加起來，就是生與死。那麼，離開了這些生死現象，既不生也不死，既無生也無滅的本來面目，是人人本具的，那究竟是什麼呢？那是不可思議的真如佛性。

「不可思議」與禪宗講的「不立文字」，這兩個名詞事實上是同樣的意思。只要用文字表達的，就是語言、符號；而思議則是用嘴巴講、用頭腦思考，這也是一些符號，所有的符號都稱之為「相」，都是現象。因此，「不可思議」與「不立文字」講的都是同樣的東西，那就是放捨諸相之後，當下便能夠發現自己的本來面目。

隨時能放捨諸相，隨時就能見到本來面目，只要有一個念頭沒有辦法離開現象，便是著相；只要執著於任何一相，那就跟本來面目不相應了，自然也就見不到本來面目了。許多人誤解，在打坐時所產生的身心反應，例如：輕安境、光明境、空靈境、感應境、神通境……，就是開悟的悟境，其實那也只是生理現象、心理現象，最多是精神現象。有這些現象是很好的，那是已經放下了粗重的身心負擔，心志專注，凝神安住，故有異於一般的經驗出現，但它只是一種身心現象，不是開悟，未見本來面目。這種經驗能夠使你對打坐有信心，並且喜歡打坐，也能夠鼓勵著我們繼續地打坐下去。

《六祖壇經》所講的無住、無念、無相，就是講的本來面目，就是悟境，就是放下了所有一切自我中心的執著。好比演員需要化妝，需要穿著各種不同的戲服，可是在卸妝以及脫下戲服之後，就顯出了演員自己的本來面目。禪宗所講的本來面目，是指放下了自我中心的執著，心無所住、念無所繫，放捨諸相之後的大解脫、大涅槃。當你對於一切現象的執著心統統放下時，這是無法用語言文字來表達、來思索的如實境，所以叫作不立文字，也稱為不可思議的悟境了。

二、何謂「本地風光」？

所謂「本地風光」，是在沒有任何執著的狀況下，還有智慧及慈悲等的一切功能。風光，是春光明媚的風景；悟後的心地，稱為本地，是如實地自在清淨，能攝一切善法，能生一切功德，雖無自他對立之心，亦無善惡分別之思，但有如實反應的一切功能。悟境中的心地，如陽春白雪、無塵明鏡，自身不著有無、善惡，卻能如實靈活地因應眾生所需，故形容為本地風光。

中國禪宗有一篇〈十牛圖頌〉，那是用十個頌文配十幅牧牛的圖畫，畫的就是十個禪修層次的境界。圖意是說有一個牧童在看牛，最初他看不到牛，在找牛；然後見到了牛的腳印；接著是見到牛的尾巴尚不見牛身；又看到牛在吃草，於是牧童好不容易把牛抓住了；接著牛已馴服地讓牧童騎在牠背上；後面是牧童和牛都在休息；接著牛不見了，牧童也不見了；接下來又出現一幅春天的風景，只見春景很美，但是看不到人；接著是個圓相，什麼東西都沒有，這就是本地風光了。相當於《金剛經》的無我、無人、無眾生、無壽者，也是《六祖壇經》的無住、無念、無相。最後，牧童和牛不見了，圖中走出來一個很有錢的慈悲菩薩，拿著一個大袋子，見了人就施捨，見了人就施捨……。所謂的「本地風光」是從第九幅圖開始，風景很美，卻沒有自己，為了度眾生，應化顯現，永不疲倦。這代表著所有的境界都屬於眾生，就是沒有自我中心的執著，所以能用無緣大慈、同體大悲之心，來度一切眾生。（編案：請參閱聖嚴法師的英文著作《摩根灣牧牛》〔*Ox Herding at Morgan's Bay*〕，或中文著作《禪的體驗．禪的開示》關於〈十牛圖頌〉的介紹）

在日常生活的任何一個時間裡，不論是打坐、運動、工作、走路等，都要放鬆身心，不起我貪、我瞋、我慢、我疑、我煩惱、我興奮、我憂慮等的執著。不要說：「我好討厭、我好喜歡，這個真麻煩、那個真有趣……。」不要有這些分別執著心，只是在運作、在活動，知道正在發生什麼狀況，並且恰如其分地正在處理這些狀況。若有情緒性的反應，便是自我中心的煩惱在作怪了。要練習著見到本來面目、見到本地風光，便得先練習放捨諸相的默照禪法，否則，是永遠不可能見得到本來面目，也永遠沒有辦法體驗到本地風光了。

貳、修行默照禪法

西元十二世紀，在中國有兩位非常著名的禪師：一位是臨濟宗的大慧宗杲（一〇八九—一一六三年），他提倡了話頭禪；另一位則是曹洞宗的宏智正覺（一〇九一—一一五七年），他提倡了默照禪。我自己則正好連接上了這兩個系統的法門，當我在跟老師修行著力時，用的是話頭禪，在六年的閉關期間，修的則是屬於默照禪。這兩種禪法對我來講，都有很大的利益及效果，直到目前我還是在教授著這兩種禪的修行法門。

我初到美國的數年期間，在禪七中指導的是數息觀以及參話頭，到一九八〇年便開始在禪七中指導默照禪，並且講〈默照銘〉，到現在已經講了十多次了。默照是先照後默，但是為何不叫照默，而要叫默照呢？通常在任何狀況下，知道自己在做什麼，就叫作照。譬如說：「我在吃飯，我在胡思亂想，我真煩惱，我真生氣，我好快樂……。」知道在做什麼，是照，但不是在用功修行。因為知道自己痛苦、不舒服、麻煩、高興、快樂，但是不知道該怎麼辦，那就不是在修行了。若在修行時，發覺有這種種狀況發生，馬上終止它，並且告訴自己說：「我不要跟著它跑！」這就叫作默。因此，默的工夫是對於所照的心境要默，默那些所知、所覺、所想、所受的身心狀況，不再被它們影響下去，也就是默其所照，所以要倒過來，稱為默照而不是照默。

照是覺照，是心中知道自己的心境正在什麼樣的狀況下，如果連對自己當下的心境是怎樣都不知道，那就不是在用照的工夫了。有一些人，整天嘰哩咕嚕地講話，但是他們也不清楚自己為什麼要講？在講些什麼？還有的人身體會像猴子、小狗似地不斷在動，他知道自己在動，但不知道為什麼要動，這些都是沒有覺照的盲動。照，是知道自己在做什麼、在想什麼，也清楚地知道心裡所產生的種種反應是怎樣，但是無法控制自己的心，有時候，希望想的事想不到，不要想的事卻一直在想。默的工夫，就是發現了這些心裡的狀況時，馬上切斷它；知道有諸相，知道有萬事，那是照。但是我們的目的不僅是照，而在默照。剛開始用方法時，一定要先默那個照，等方法用得很得力、很成功時，則是默照同時。

一、方法

（一）調身

修行的方法，就是用功的著力點。修行的觀念指導了修行的原則和方向，修行的方法則是調息、調身、調心的技巧。調身、調心，是從調息開始，先把呼吸調勻了，身體自然會舒暢，心念自然會安靜。

調身，必須要有一個正確的坐姿，讓身體感到平穩、舒服、輕柔。打坐姿勢的要領是，將身體的重心感，放在臀部和墊子之間，脊椎和後頸是垂直的，後腦、後頸、直到尾椎骨為止，呈一直線。不要彎腰駝背，也不要左曲右歪；坐的時候頭頂與上空呈一條垂直線，不要低頭或仰頭，下半身最好將雙腿盤起，如果不能盤腿，交叉坐或者坐在椅子上也是可以的。雙手的手心朝上，左手掌在上，右手掌在下，重疊置於腿上；然後輕合嘴唇、舌頭輕抵上顎、輕扣上下牙齒，眼球放鬆，兩肩、兩臂、兩手均不用力，腰部挺直，小腹放鬆；這是最正確的姿勢。

（二）調息

正確的坐姿，可以使身體穩定、心念集中，全身的氣脈循環更為通暢。重心的感覺，不在頭部或上身，而是在臀部和墊子之間，身體其他的部分則不去管它。眼睛可以閉著，但是這樣很可能會打瞌睡、有幻相、有幻境、有雜念、有昏沉，那麼，可以將眼睛睜開百分之二十，但是，睜開眼睛不是要看什麼東西，或者用耳朵去聽什麼，只是睜開而已，眼前的東西不需要去注意它。要練習將我們的心，用來享受呼吸從鼻孔出入的感覺。能夠如此，心有所寄，就不會用眼睛去看，用耳朵去聽了。

呼吸的感覺是在鼻孔的前端部位，但是不要特別去留心呼吸在進鼻孔之後是進到肺部或進到哪裡；就是自然的平常呼吸，不要控制它，不要故意使得呼吸快或慢、深或淺，只要知道有呼吸出及呼吸入的感覺就好。這時你的心，就好比站在電影院門口的收票員，收到一張票，就讓一個人進去，至於進去之後是坐在哪一個位置上，那就不是收票員該管的了。

有的人想控制呼吸，希望呼吸愈長愈好，愈深愈好，這不但沒有必要，而且會引起呼吸不順、胸悶氣塞的副作用；也有的人呼吸時注意小腹，最初開始能夠感覺到小腹在蠕動，但是，這只能使心一時間安定下來，卻沒有辦法入定和開智慧。所以，當橫隔膜下降時，呼吸的深度可能會使小腹起伏蠕動，但不要試著用意志去控制它蠕動，只曉得呼吸的感觸是在鼻孔就好。也許有人已經習慣呼吸在小腹的蠕動，並且心境平靜，那麼可以暫時用它，直到你的心已安定之後，就不要再去注意小腹了。

每次開始打坐，都要把姿勢坐好，這是調身。坐好之後覺得身體很舒暢，然後曉得呼吸，享受呼吸，知道自己的身體在打坐，而呼吸只是身體的一部分，所有的感覺也都只是身體的一部分，不需要特別去注意某一或某些部分。

不去特別注意局部或局部的狀況，不被身體的狀況、環境的狀況以及心裡的狀況困擾，還是保持清明的心，知道自己的身體是在打坐，這是「默」；曉得身體在打坐，清楚地知道身體及周遭環境的狀況，也覺察到心裡所產生的雜念妄想，則是「照」。很清楚地知道身體在打坐，也知道身體上的狀況，但是不去管它，這便是「默照同時」。

（三）調心

默照修行法有四個調心的層次：

1. 收心

把心從緣過去境以及緣未來境的狀況，收到緣現在境的這一點上。捨下過去境及未來境，是「默」，緣現在境是「照」。

2. 攝心

是將收回的心攝於現前正在用的方法上。也就是把心從過去境及未來境中收回來，只緣現前境之後，進一步將現前境的範圍縮小，對於現前環境裡所發生的種種狀況，雖然可能都看得到、聽得到，但是不要被它們所影響而生起情緒反應。接著，很清楚地把現在的這一念，既不被雜念、妄想、瞌睡所困擾，也不要跟雜念、妄想、瞌睡纏鬥，只要把心輕鬆而又綿密地用在方法上，其他的問題就不會產生了。不跟雜念、妄想、瞌睡纏鬥是「默」，把心用在方法上是「照」。

3.安心

是將心念安住於正在用的方法上。此時的心，已經可以不受身心環境的各種狀況所影響，平穩、安定、持續地在用方法。很清楚知道自己是在打坐，也清楚知道自己已在平穩、安定的狀況中打坐。清楚知道就是「照」，平穩安定則是「默」。

4.無心

是放下一切攀緣心，既不執妄境也不求真境，但仍如常人一般地生活，這便是《金剛經》的「無住生心」，亦即《六祖壇經》的「無念心」、「無相心」。從安心而至無心，是持續用功，不斷地放捨諸相，一直到了無心可安亦無相可捨的狀況。在這過程之中，收心的層次要捨過去、未來；攝心的層次要捨雜念、妄想；安心的層次要捨身心環境正在發生的狀況；無心的層次要捨妄、捨真，不執有無兩邊，也不著中間。一如〈永嘉證道歌〉所說的「不除妄想不求真」，但也不是躲在無事窟中享受安逸，而是隨緣攝化，悲智無量。

二、態度

修習默照禪必須遵守的基本態度有三，那就是：發大悲心，放捨諸相，休息萬事。

（一）發大悲心

大悲心就是菩提心，也是能夠讓我們徹悟成佛的心。如果要徹悟，首先要發大悲心，然後才能夠頓悟成佛，因此，大悲心就是無上菩提心。既然發大悲心，那麼對任何人、任何眾生，都不能有對立、仇恨、傷害、疑懼以及嫉妒的心，代之以包容、憐憫、體惜的平等愛護、普遍救援，那就是大悲心了。

發起大悲心的目的，在於找到自己的本來面目以及體驗到各人的本地風光。為了達到修行的目標，就得從放捨諸相下手，雖然尚未見到本來面目，尚未體驗到本地風光，但是要練習著朝這個方向努力。放捨諸相即是「默」，努力於放捨諸相的練習即是「照」——這就是默照禪法的入門方便。

（二）放捨諸相

放捨諸相就是不執著任何現象，實際上就是無住心。心不住於心理現象、不住於身體現象、不住於環境現象。所有心內、心外的一切現象，都是有的，但不要去執著它，不要去在乎它，便是放捨諸相。不住於任何一種現象，就是「默」；知道所有的現象都是正在發生中，那就是「照」。所有的生滅狀況，都是知道的，只是不去執著它，不因各種狀況的發生而心生波動，這就是放捨諸相；但這並不是說，就像木頭、頑石或者是死人那樣。了知任何現象，是正常的人，這是「照」；知道任何現象都可能發生，但不需去憂慮煩惱，這是「默」。在打坐中，了知有任何一種現象出現時，能夠不起第二念，立即就是默照同時的放捨諸相。

如何放捨諸相？就是從放鬆身心、安定身心著手：第一，先把眼球放鬆，然後將整個身體放鬆，頭腦不要去注意什麼，也不要去思考什麼，只曉得自己是在放鬆狀態。第二，身體坐直，臉部的肌肉放鬆、肩頸放鬆、臂不用力、手結法界定印置於腿上，不再管它；後腰放鬆、小腹放鬆，然後享受呼吸、欣賞呼吸從鼻孔出和入的感覺，其他的不要管它。第三，進一步，心已比較安定，雜念也少了，此時如果不清楚體驗呼吸從鼻端進出的感覺，很可能會打瞌睡。這個時候便可用只管打坐的方法，很輕鬆地體驗、知道自己的身體正在打坐，但不要特別注意身體的某一部位或某些部位的感受狀況，也不去特別注意心裡的反應，以及周遭環境裡正在發生的任何狀況，你的責任只是曉得你正在打坐。事實上，這就是提起默照的方法，正在練習放捨諸相、休息萬事。

（三）休息萬事

徹悟的人，我們稱之為無事道人。道人，就是修行佛道的人，無事道人是心中已經沒有自己的事，既然自己沒有事，那還有什麼事呢？事實上，對於凡夫而言，修行和煩惱都是事，凡在心中有所牽掛的，就叫作「事」。隨時隨地要把心中的牽掛停止，心裡沒有任何牽掛之時，雖也照常過生活，但那就是休息萬事。

有位菩薩來參加禪修，尚未辦妥報到手續，就接到他太太的電話說，如果他參加禪七，她就要在家裡自殺。於是這位菩薩問我說：「師父！我該怎麼辦？」我問他太太要自殺是真的，還是假的？他說：「她過去好像也說過這樣的話，不知道是真是假，我想我還是在這裡打禪七，過兩天再看看會發生什麼事吧！」於是我跟他講：「我想你不必看了，禪七期間你的心中老是牽掛著：『我的太太不知道自殺了沒有？』還打什麼禪七呢？你心中有事，太太說要自殺是大事，而且是不得了的事，我看你還是回去吧！」

請問諸位的心裡有事嗎？雖沒有家人自殺的問題，心中也會牽掛著很多很多的事，也許你們一邊打坐一邊在想著許多之前和之後的事，也可能想著：「默照禪能讓我開悟嗎？能給我智慧嗎？默照禪何時才能夠讓我斷煩惱呢？」有的人可能沒有想到這麼多問題，只是期待著平順地打完禪七，或者想：「禪修期間會發生什麼事啊？再往下會怎麼樣呢？」一類是期待、等待，另一類是擔心、推測，這些全都是「事」。其實，修行就是用方法修行，不要瞻前顧後，不要羨慕他人，不跟他人比較、也不跟自己比較，否則，便成不務正業的閒事了。

你的心，不要被任何的狀況所動，不要被任何現象牽著走。當發現鳥在叫、風在吹，蒼蠅、蚊子在飛舞；或感覺到肩頸痛、腰椎痠、皮膚癢；或者覺察心裡正有雜念、妄想、邪思在浮動，這些都是現象。被你發現了，便是「照」；發現了之後，隨時放捨，就是「默」。

事，是不可能沒有的，吃飯、走路、打坐、睡覺、上洗手間、打掃環境等，每一樣都是事，但你千萬不要把前一念已發生過的事，以及後一念尚未發生的事，牽掛在身上。剛剛做的事已經做過了，可以有記憶，但不必牽掛；還沒有發生的事，可以有計畫，但不要懸念；凡跟當下所用的方法不相應者，全是閒事，必須隨時放下，這就是「休息萬事」了。

發現心中有事，就是「照」；不討厭它，不去管它，休息心中所有的事，則是「默」。當你清清楚楚沒有雜念妄想而只有方法，便是正在修行默照。

三、要領

修行默照禪的要領，首先就是要放鬆身心，接著是曉得自己在打坐，然後享受呼吸從鼻端出入的感覺，等到心的狀況安定之後，便告訴自己：「我的身體是在打坐！」也清楚知道自己的身體在打坐。但請你不要去注意身體的某一個局部是否有感覺？是否有負擔？只需知道你自己的身體是在打坐就好。不特別去注意身體的某一部分，不去特別在乎令你有興趣的念頭，或特別去討厭令人不快樂的念頭，只是不斷地說：「我知道自己在打坐，我知道自己在打坐……。」知道打坐，是「照」；不被身體某一或某些部分的感覺所困擾、吸引，也不被心裡的任何妄念所影響，繼續不斷地只曉得「我在打坐，我在打坐……」，這就是

「默照」。

四、默照禪與次第禪觀的同異

次第禪觀，是先修五停心，然後修四念住。五停心有五種修行方法，只要用其中的任何一種，就可以停止五蓋；五蓋就是貪欲、瞋恚、睡眠、掉悔、疑法等五種覆蓋善法的心理狀況。五停心觀就是：數息觀、不淨觀、慈悲觀、因緣觀、念佛觀。其中的數息觀，就是先體驗呼吸在鼻孔出與入的感覺，稱為隨息；如果昏沉及散亂難除，即用數息觀，以此來停止那些麻煩的五蓋心。五停心是四念住的前方便，亂心安伏之後，即修身、受、心、法的四念住，由觀慧而進一步修三十七道品，以證聲聞四果為目的。

五停心、四念住是次第禪修，從觀呼吸、觀身體、觀心念入手，是次第的修行方法。默照禪法，也是從呼吸法入手，也是從觀身受著力。因此，默照的修行方法並非有什麼奇特，也不是中國人沒有根據就發明的東西，它是以傳統修行方法做基礎的。

默照是從有次第到無次第。有次第是身體放鬆，心情放鬆，體驗呼吸，體驗身、受、心、法，這是結合五停心的觀息和觀身法門，進一步修四念住的。默照禪不落次第，面對身、受、心、法的任何現象，都採取不要管它的態度，只是清楚知道自己是在打坐。

四念住的次第觀名為「別相念」，整體的綜合觀名為「總相念」。禪宗是從總相念的基礎上，教我們只管打坐，便是默照禪的入門手段了。因為別相念是需要次第修行，而默照則是一開始就教我們不要管次第，只要求清楚地知道自己的身體是在打坐，呼吸也只是身體覺受的一部分，其他的問題不去管它，知道、放下，便是直接而簡單地在修默照禪了。

參、步上修行之道

一、基本觀念

修行的觀念稱之為「正知見」，修行的方法是「正行」，而「正精進」則是指修行的態度。這幾項要能夠互相配合，如果缺少其中一項，打個比方，不是失明的瞎子，便是缺腿的癱子，但是配合起來，既能看得見，又能走得快，就是一個健康的人了。

（一）正知見

正知見，這裡說的知見，是屬於佛學和佛法的觀念，就是因果法和因緣法。

所謂「因果」，就是種瓜得瓜、種豆得豆。過去的努力可得到現在的結果，過去的不負責任形成了現在的許多困擾，這就是因果。講因果並不僅僅是這一生，一定要相信有過去生、過去生、無盡的過去生；有未來生、未來生、無窮的未來生。只是單看此生的話，因果就沒有辦法解釋清楚了。

許多人都會羨慕他人、嫉妒他人，或者對自己失望、自責、驕傲、自負，這都是因為沒有因果的觀念。不同的人有不同的因果，就像不同的身體條件、心理條件，以及環境條件等等，這都是果。這些結果，都有原因的。

例如我這個人，也許有人會覺得我已經很了不起，其實我從小就是在不順利中成長，一向比不過人，也沒辦法與人相比。當我在念書的時候，好幾次應該可得第一名，但是總有因緣，陰錯陽差地把我的名次弄到後面去。直到最近，大家更會認為我是很順利的，其實我的身體，老病相侵，我的弘化事業、建教團、辦教育、帶禪修，也是障礙重重，但是因為我相信因果，任何事的發生，一定有它的原因，既然有原因，就不能算是挫折，也不必失望了。

大家可曾聽說過，修行得道需要多少時間嗎？以小乘的解脫道而言，阿羅漢果最快的是三生，最慢的則是六十劫；辟支佛果，最快四生，遲則百劫；而大乘的成佛之道，最快的是三大阿僧祇劫，最慢則是無量阿僧祇劫。現在有許多人，一下子就希望證得阿羅漢果，或者即刻證得無上道果，這都是不正確的邪知見，跟因果的原則是不相應的。相信因果的話，對過去的，必須要接受；對未來的，從現在開始就要精進地努力。

所謂「因緣」，是以主觀的因素加上客觀的因素，成為一個現象的事實；客觀的因素很難掌控，就連主觀的因素也未必能夠掌握。有些事可以自主，但更多是無法控制的。所謂能自主的，就是以現在所具備的條件積極修行；而不能自主的，便是屬於因緣的配合而產生的。自主與非自主，主觀的自我與客觀的環境，這兩種因緣相加，就是從因緣而生的結果。

譬如前面說過，有一位先生來參加禪七，卻由於太太威脅說要自殺，我勸他回去了，這是非自主的客觀因緣不具足。又如另外兩對夫婦同來禪修，這四個人就是因緣具足，互為善因緣來同修佛法，這是很可貴的助緣。

（二）正行

「正行」，是指有正確觀念及正確方法的修行生活。由於每個人有不一樣的因緣，所以有不一樣的結果，這包括身體狀況、心理狀況，以及環境狀況，都跟因果及因緣有關。我們要接受因果、因緣的事實，同時要時時設法來努力改變、改進、改善因果和因緣的事實，這就是成佛之道的修行原則。修行成佛之道的過程中，一邊要精進不懈，一邊要不怕阻礙，不求安樂、不懼艱難，也就不會在阻礙之前退失道心。

（三）正精進

很多人不清楚精進的意思。要知道，緊張和心急不是精進，這只會使你容易疲倦，甚至煩躁、不安。正確的修行心態，就是要將心情放鬆、身體放鬆。所謂精進，是細水長流，就像天然的泉水，汩汩地、緩緩地、持續地、不斷地往下流注。不會修行的人，往往拚老命似地用猛力，那就好像下了一陣暴雨之後，山澗的洪水，於一時間內排山倒海直奔而下，但雨過天晴，洪水沖完就沒有了；而且猛沖狂奔的洪水，會造成災害損傷，那不是精進，而是一種自我摧殘的行為。

精進的態度，不是希望馬上得到結果，或希望馬上見到、經驗到打坐的好處。打坐，首先要練習持續的毅力、平靜的心情、放鬆的身體，自然而然就會體驗到坐禪的好處。如果心浮氣躁、希望速成、急求效果，那便等於揠苗助長，所得到的必定是反效果了。

「正精進」，是以精進心對治懈怠心，正精進有異於盲修瞎練的苦行，而是不急不緩、不苦不樂的中道行，要像細水長流的泉水，而不是像一洩而下的洪水，氾濫成災。

我在年輕的時候，有幾位很用功的道友，他們非常精進，睡眠時間不多，資生物質很少，打坐拜佛時間很長，見面時他們總會勉勵我說：「老兄啊！你的身體比我們差，什麼時候會死都不知道，還不趕緊用功，等死期到後，就來不及了！」從他們的角度來看我這個人，是個不太精進的懶骨頭，因為我雖也很用功，但在該睡的時候就睡，該飲食的時候就飲食，感到有病之時，就延醫治療。結果他們都很年輕就用功死了，而我還活著，在這一生之中，雖無多大的成就，於己於人，也不能算是白過。我知道自己的體能，也知道自己的心力，總是在帶幾分勉強，而又絕不十分勉強的情況下，全力以赴、盡心而為。我雖不能算是正精進的好榜樣，也不算是壞例子吧！

有的人稍微有些不舒服就不隨眾作息，不打坐、不看經、不求上進，也不奉獻了，總會推三阻四地找到理由少花一些力，說是等到他們把身體養好了，把心情調順了，才來好好地修行。這樣的人就是顛倒，只是盡量找藉口懈怠而已。

二、增上（四種基礎條件）

修行的基礎條件共有四個：那就是信、戒、定、慧的四種增上。

（一）信增上

「信增上」是信自己能成佛，信佛是不誑語者，信法是苦海舟航，信僧能住持佛法。

1. 相信自己

「自信」是非常重要的，修行禪法的人，必須先要相信自己有佛性，佛在心中住，只緣迷妄，所以未見，因信起修，就是為了轉迷成悟、親見自心中的佛。一切眾生都有成佛的可能，我們是人，當然要相信，而且唯有以人的身心，最適合修行，一旦建立起自信心，認知我們有修證的條件，便該著手修行。

不過有許多人是缺少自信心的，特別是缺少能夠明心見性的信心，所以需要有人接引、有人鼓勵、有人協助，那就是善知識的重要性，讓信心不足的人，知道他們能夠生而為人，就是有了善根的。

要使我們對自己有信心，除了聽聞善知識說法，得知自己的確需要修學佛法，也知道自己真有善根，所以聽到了佛法，便是有了信心。進而更應該如法修行，在練習修行方法的過程中，使信心更加增長、善根更加深厚。

如何相信自己真有善根？佛說人身難得，我今已得人身；佛說佛法難聞，我今已聞佛法——這不就證明我有善根，並與三世諸佛，都曾有過因緣嗎？以我來說，我自信是有善根的，否則我不會出家做和尚，不會終身以學法、護法、弘法為專職；諸位也應該相信自己是有善根的人，否則怎麼會正在閱讀這本講佛法修行的書呢？將自信心建立起來之後，就會珍惜這個善根因緣，雖在用功修行的過程中，一定會遇到挫折與困難，但應該勉勵自己說：「這些都是成就道業的大好因緣，經得起無數的歷練，善根就愈來愈深厚、愈來愈壯大，終究完成無上菩提的圓滿佛果。」

多打一次禪七，多得一次利益；多用一天工夫，多得一天的好處，同時也多增一分自信心。很多人誤以為只有開悟見性才算有用，事實上，凡是修行，便會有益，雖尚未實證佛性，卻已親證信心了。

2.相信三寶

接下來要說明信仰佛、法、僧三寶。

(1)佛

是指我們的教主釋迦牟尼佛；信佛，即是信仰他的人格、他的智慧、他的悲願。由於相信佛是真實語者的大導師，所以接受佛所說的觀念及方法，並且用來幫助我們。從思想上來糾正我們、指導我們，從方法上來讓我們練習著如何離貪、瞋、無明之苦，而得解脫自在之樂。

(2)法

是指佛所說的離苦之法，也就是佛教聖典中所記載的道理和方法。是由佛及佛的聖弟子們說的，梵文叫作「達磨」（dharma），這是佛法的根源，即是禪法的根源，已經流傳二千五百多年。凡曾經接受佛法的人，都很受用，所以值得我們生起信心。釋迦牟尼佛經過長劫修行，最後悟得的便是正法，也就是佛、法、僧三寶中的「法寶」。釋迦牟尼佛將他從修行中開發出來的成果，傳給了弟子，然後代代相傳，直到我們，稱之為法脈傳承。

(3)僧

是指住持佛法的、如律如法的、清淨精進的、和樂共住的團體。僧伽本可通用於僧俗四眾的團體，但在《阿含經》及《毘奈耶》中，皈依三寶中的「僧寶」，是指出家的比丘僧。由於這是個修行正法律的團體，能將正確的佛法守護、應用、傳持下來。然而為什麼是團體而不是個人呢？因為個人不能持久，也不能代表清淨和合的精神。所謂僧團，就是有眾多精進學佛的人在一起。但是在各種團體之中，能依佛的正法律，清淨、精進、和樂共住、同修菩提道的，就只有出家僧伽了，所以標準的僧寶必是以出家的團體為原則。出家僧的重點，是在於堅守不淫欲的梵行，實踐不蓄私財的出離行；少欲、離欲，是解脫道的基礎，也是菩薩道的共法，所以唯有如律如法的出家僧團，才能真正負起住持佛法的重責大任。

信奉三寶，又稱為歸敬三寶，這對於修持佛法的人來說是非常重要的。因為修行用的法寶是佛說的，法寶是由僧傳播的，如果不信三寶，便無佛法可修。大徹大悟之時，自己便與三寶融合為一，稱為自性的「一體三寶」，故仍不離三寶。然在尚未徹悟之前，必須要深心信仰住持三寶，否則，若只信自己而不信三寶，那就是一個大狂人了。

（二）戒增上

「戒增上」中的「五戒十善」是人天善法的根本，「比丘比丘尼戒」是解脫道的基礎，「三聚淨戒」是菩薩道的原則。戒分為「聲聞戒」及「菩薩戒」兩大類。聲聞戒重於自律自清淨，自己求解脫；菩薩戒則在於自利，而尤重於利他行。人天善法是成佛的根本，解脫道是成佛的基礎，菩薩道則是成佛的過程。

1. 戒是度脫苦海的浮囊

一般人聽到「戒」這個字時，都會有點害怕而心生抗拒，認為那是用枯燥不合情理的教條，禁止人的自由，拘束人的行為，其實不是這樣的。譬如說我們美國紐約象岡道場有很多鳥，鳥在生蛋之前一定多半會在樹上築巢，其目的是為了安全的防護，以免所生的蛋，會受到地面上老鼠、蛇，乃至人類的攻擊。在孵蛋時，有了這個鳥巢把幾個卵集中在一起，也容易把小鳥孵出來。修行人持戒，就像是鳥兒築巢，是為了保護我們的智慧蛋以及慈悲蛋，順利地孵出成佛之道的鳥來。

我曾說過：「鳥兒要有後代，必須有巢；人類要有後代，必須有家；出家人要有後代，必須有寺院；修行人為了成就道業，必須有戒體。」因此，受戒如築巢、如起屋。在佛經中將持戒譬喻為度脫苦海的浮囊，那是防止我們放逸而做不善業的保護傘。

戒的主要功能，在於防非離過、防微杜漸。受了戒的人，自然會提高警覺心，減少犯罪的機率，聲聞戒戒身、口惡業，菩薩戒尤重於起心動念處，但也不必擔心犯戒。《菩薩瓔珞本業經》說：「有犯名菩薩，無犯名外道。」受戒之後難保不犯戒，但總比還未受戒的人少造惡業多造菩薩業。

2.五戒的內容

戒增上的根本項目共有五條，稱為「五戒」，也是聲聞戒及菩薩戒的基礎，故將五戒介紹如下：

⑴戒殺生

主要是不殺人，如能進一步也不殺動物更好，乃是為了增長慈悲心的緣故。殺生的種類有：自殺、殺他、教他殺、見殺隨喜。殺生的動機有：因貪殺、因瞋殺、因愚癡不正知而殺；因疑殺屬於愚癡，因妒殺屬於貪瞋。所以，殺生的行為，既傷慈悲心，也無智慧心。

(2)戒偷盜

不與而取，名為偷盜。暗竊是偷，明搶是盜。偷盜的種類包括：自行偷盜、教他人偷盜、見他人偷盜而生歡喜。偷盜的動機，與殺生的動機類似，所以既傷慈悲心，也損智慧心。

偷盜是出於不勞而獲的心，因此，對於一些不願好好地修行，卻想頓悟成佛的人，稱為偷心的人。如果不能腳踏實地，老想占人便宜，專門在期待奇蹟，就是很危險的偷心了，因為那跟因果律不相應。偷盜是惡業，必將得惡果。

(3)戒妄語

言而非實是「妄語」，語中有刀是「惡口」，挑弄是非是「兩舌」，淫詞穢言是「綺語」，這四類都屬於妄語。

妄語也包括自妄語、教人妄語、聞說妄語而生歡喜。其動機性質與前二戒類似，所以既傷慈悲心也損智慧心。妄語的人，必然自食惡果。

(4)戒邪淫

凡是不穩定、不正常，不受法律、風俗所認可的性行為，皆名為邪淫；此對個人的身心、家庭、社會，均能造成失衡現象。在精進禪修期間不得行淫欲，稱為修梵行，在平常生活之中的在家人，則應遵守不邪淫。若修禪定，須修梵行。梵天行是色界天人，住於定境，自然沒有欲界眾生的淫行，如有淫欲，縱入禪定，必落魔境。

平常人在打坐時，生理上可能會有性衝動的現象，這種反應，對於血氣方剛的年輕男子，往往會無法控制。可以用禪修的方法化解，或用勇猛精進、參話頭，乃至大聲的參問，性衝動便會消失。默照的方法亦最有用——只曉得自己的身體在打坐，不要特別去留意身體某一部分或任何部分的狀況，漸漸地這種性反應的感覺就會消失。如果性的反應非常強烈，根本無法安心打坐，則可以慚愧心及快動作來拜佛，拜到全身是汗，性的衝動也就自然化解了。

(5)戒飲酒

酒精本身不是罪惡，飲酒的人可能酒後亂性而造作惡業。經典中曾有一個例子：有一位居士，由於誤將一大碗酒當作涼水喝光，便酒性大發，失去理智，見鄰居的雞跑進他家，便抓起來殺了、煮了，當作下酒的菜；鄰女來問他，有見到她養的雞嗎？居士說沒有，又見鄰女貌美，便強暴了她。這則故事是說，由於飲酒，竟然使這位居士連續犯下了偷盜、殺生、妄語、邪淫的四條重戒。

在精進禪修期間，由於禪修規則，故不可能違犯以上的五戒，然而回到平常生活環境之後，若不隨時提醒自己是在修行，就難免會偶爾違犯。假如違犯了，應當懇切懺悔，若能如此，犯戒的機會便愈來愈少，成為一個五戒清淨的修行人了。

（三）定增上

「定增上」又叫作「禪定增上」，可分為兩大類：1.次第禪定，就是九次第定，是慢慢的由修四禪八定而修得第九解脫定。2.頓悟禪定，則不講次第，不立文字、直指人心，是指中國的禪宗所傳。次第禪定一定是在打坐時用的，有它的時段性，也就是說不打坐時，不在專一修定的時間內，就不算是在定中。次第禪定是小乘禪法，此處暫不論。

1.四種大乘禪法

依據中國天台智者大師《摩訶止觀》介紹的大乘禪法，共有四類，稱為「四種三昧」：⑴常坐三昧，⑵常行三昧，⑶半行半坐三昧，⑷非行非坐三昧。

《六祖壇經》所主張的「一行三昧」，即屬於第四類的「非行非坐三昧」，又可名為「隨自意三昧」，因為《六祖壇經》的〈定慧品〉有云：「一行三昧者，於一切處，行、住、坐、臥，常行一直心是也。」什麼是「一直心」呢？即是「於一切法，勿有執著」。如何是沒有執著呢？即是「於念而無念」、「於相而離相」、「念念之中，不思前境」。也就是說，一行三昧的一直心，便是無念、無相、無住，是不論何時何處，於日常生活的四大威儀之中，皆可修行的一種大乘禪法。六祖惠能大師自己，就是修一行三昧，所以他也以之傳授弟子。

2.默照禪法的定境

從六祖惠能的傳記資料，很難證明他曾打坐。不過，《六祖壇經》的〈坐禪品〉中有云：「此門坐禪，元不著心，亦不著淨，亦不是不動。」「外於一切善惡境界，心念不起，名為坐；內見自性不動，名為禪。」所以「不思善，不思惡」便是禪修方法。而在六祖惠能之前的中國禪師們有打坐，惠能之後的禪師們也都有打坐。

默照禪法雖於十二世紀由宏智正覺禪師提倡，但默照禪法的源頭，主要便是出於六祖惠能禪師一行三昧的坐禪法門。現在介紹如下：

⑴不著心

不執著虛妄心，實際上就是「放捨諸相，休息萬事」。當發現妄念時，不討厭、不怨恨、不排斥、不喜歡。發現有妄念，那很好，勿拒勿迎，那就是不著心；不要將妄念當成對象，妄念就不是問題了。普通人在練習修行時，要完全沒有妄念是不可能的，只要不管妄念，回到默照的方法，妄念就會愈來愈少。

⑵不著淨

欣淨厭垢是分別心，取淨捨垢是執著心，將心待悟是生死心。故在用默照禪法時，「默」是不著一法，「照」是全體齊收，沒有善不善法的分別之思，只有我在打坐的一個念頭。遇到壞狀況不用煩惱，遇到好狀況不用高興，心中朗然，不受影響，該坐就坐，該起便起；有雜念無雜念，皆不在乎，只管默而常照，照而常默，既不見心淨，亦不見不淨，淨與不淨，都是平等。

(3)不是不動

「不動」有兩層意思：一種是不動情緒的智慧心，另一種則是心止於一念的禪定境。《金剛經》的「應無所住而生其心」不是住於禪定的不動心，而是不動情緒、執著的智慧心。入了一般的次第禪定後，身不動、心不動——身不動是坐姿，心不動是住於靜境。禪宗的坐禪，不是教人「常坐不動」，亦不是教人「看心觀靜」，乃是於相而不著相，於念而離於念，念念之中不思前境。知有相是照，不著相是默；知有念是照，離於念是默；念念分明是照，不思前境是默。因此可知，默照禪法的源頭，是與《六祖壇經》接軌的。

不論是次第禪定或大乘禪法，「捨」了一境又一境，乃是基本原則。例如：四禪中有離生、定生、離喜、捨念等，都是在進入一種定境後，便當捨離，始能更上一個層次。逐層的捨，連四無色定也捨掉，即成為是捨無可捨的涅槃境——

其實沒有涅槃，乃是不住於境，故大乘禪法要講無住。《金剛經》說：「凡所有相，皆是虛妄。」執著定境的不動相，也是虛妄境。因此，《六祖壇經》主張「定慧一體」，也就是說，大乘的禪定和智慧是不一不二的，是體用不離的。

定是默，慧是照，定慧一體，即是默照同時。

（四）慧增上

慧，梵文稱之為般若，這和英語中的wisdom，以及中國人用的智慧，意思稍有不同。我曾經說過，智慧的梵名是般若，它不是知識、不是經驗、不是學問，而是無我的態度。

1. 佛法根本即智慧

智慧增上，雖列於第四項，其實，第一信增上，即需信佛的正見，也就是依佛的智慧，來指導我們信什麼——信三寶、信自性即佛性；持什麼戒——有七眾聲聞戒及大乘菩薩戒；修什麼定——有世間定、出世間定、如來定，亦即四禪八定、九次第定及一行三昧等大乘禪法。如果缺乏正見，前面三種增上都會有問題，就有麻煩了。那便可能變成了迷信，可能是持狗戒、牛戒、魚戒等的苦行外道，也可能是修習與貪瞋等夾雜的邪定了。所以在四種增上之中，均以慧增上為依準，行者未開慧眼之前，須援用佛菩薩及諸善知識的智慧，來修前三種增上，待開了慧眼之後，仍以和佛菩薩及諸善知識相應相同的智慧，繼續圓滿四種增上功德。

從禪宗《六祖壇經》的〈般若品〉中見到：「菩提般若之智，世人本自有之，只緣心迷，不能自悟，須假大善知識示導見性。」又說：「一切般若智，皆從自性而生，不從外入。」「一切時中，念念不愚（迷），常行智慧，即是般若行。」又說：「般若無形相，智慧心即是。」「前念著境即煩惱，後念離境即菩提。」「當用大智慧，打破五蘊煩惱塵勞。」

由《六祖壇經》中所明的般若智慧，即是菩提的異名，亦是悟見自性的功能、是不執著諸境的覺照力用。智慧是離相而無相的，因為離一切相，所以能如《心經》所說的：「照見五蘊皆空，度一切苦厄。」這便是慧增上，亦即六波羅蜜中的智慧波羅蜜。也可以說，佛法的根本，就是智慧。世間的一切知識、學問、聰明、才智，雖是有用，卻不能破除煩惱，唯有離諸相、離執著的般若智，才是波羅蜜多（度脫），才能開悟而出迷愚的世間。

2. 般若為基，信戒定相依相生

因此，在釋迦牟尼佛悟道成佛之前，這世間尚無般若智慧，在佛悟道之時的能悟之心便是智慧心，成道之後所說的一切教法，都是從佛的大覺智海中流露出來，我們後世的一切佛弟子，皆因佛的智慧之教而獲大利益，甚至也能開發各自心中的本有佛性，也是仰賴佛智的引導而浴於佛的大智海中了。

四種增上，以信增上為方向和目標，以戒增上為行為的準則，以定增上為修三昧的方法，以慧增上貫串悟前悟後。這四種增上是相互依存的，四者若缺其一，便不是正確的佛法。

有些人為了求財、求子、求壽、求官運等而到神祠、神宮、鬼靈顯現處許願拜祭，那是民間信仰，不是正信的佛教，因其缺少戒、定、慧的三種增上。

有些人與佛教徒相同，也持五戒，目的是為現世福澤，稱為人天善法，不是正確的佛教。因其缺少對三寶的信心，未曾修習禪定，未與佛法的智慧相應。

有些人修習禪定的目的，或是為了健身，或是為求神通。其結果，禪修的道場，變成了健康中心；禪修的方法，變成了魔術棒；禪修的人士，變成了氣功師及魔術師。最危險的是修定入魔，自稱是神再來、是佛菩薩化現，說得好聽是新興宗教的創教主，說得不好聽，則是巫筮性質的江湖術士。

幾年前，臺灣有位中學教員突然變成了一位教主，他叫他的幾十戶信徒們移民到美國德州的一個小鎮，準備乘飛碟升天。這使得臺灣、美國的新聞媒體和警察單位都很緊張，就怕他們像幾年前的人民廟教派那樣集體自殺。後來，約定的日子過了，並沒有上帝真的來接他們升天，也就不了了之了。

修習禪定，假如不用佛法的智慧做指導，最高點也可能獲得四禪八定，但卻極可能有許多的副作用產生。只要心裡有所期待，就會有狀況發生，有的是神經錯亂，有的則是一些幽靈或靈體趁機而入。因此，遇到任何身心的狀況時，都要「放捨諸相、休息萬事」，這是最安全的。「凡所有相，皆是虛妄」，就是《金剛經》的智慧所見。

3. 智慧是無我的態度

智慧不是知識、學問、經驗，而是一種無我的態度，但是真正要具備無我的態度是相當難的，常人必須要練習修行的方法。如果不透過方法的修行，而自以為已有無我的態度者，就是常人口頭所說的：「我不在乎人家怎麼看我、怎麼說我的！」「我絕對不是為我自己設想的！」「我全部都是為了你們！」這就是一種傲慢心。或者說：「我沒關係的啦，我真的什麼也不懂！」「我不重要的啦，真的不要把我算在裡面！」則是一種自卑心。很多人誤以為傲慢心與自卑心便是無我的態度，那是錯的。

根據《六祖壇經》所講，般若和智慧既是一種修行的方法，也是一種修行的體驗。沒有開悟的人，用它做為方法；開了悟的人，它就是經驗。怎麼說呢？《六祖壇經》的〈般若品〉裡用三個名詞，形容摩訶般若波羅蜜：「無住、無往、亦無來，三世諸佛從中出。」無住，是不住於現在；無往，是不執著過去；無來，是不執著未來。如果具足了這三種心，就等於超越了時間上的現在、過去、未來，不受三世所限，便是大智慧者，便能與三世諸佛同起同行，三世諸佛即在現前的一念心中。

有的人想像力很豐富，認為真能與三世諸佛牽著手同行，想像之中真是太微妙、太有意思了，其實這只是對大智慧心的一種形容，因為沒有執著，所以智慧心的功能「豎徹三世際限，橫遍十方涯畔」。

只有此心徹底地不住於過去，不住於現在，不住於未來，才能夠絕對地自由自在，這個時候稱它為「無心」。不過，當你在練習用方法時，可以先有現在，而不管過去，不管未來。念念於現在，念念放下現在，這便是不住於過去，不住於未來，也不住於中間的現在，這就是「中觀」，亦名「空觀」。此心如《六祖壇經》所云「於一切法上，無有執著」，亦即一行三昧。

《六祖壇經》的這個觀點和《金剛經》所云：「過去心不可得，現在心不可得，未來心不可得。」一是相同的。過去的已經過去，未來的還沒有開始，現在的這一念，介於過去及未來之間，既無過去及未來，現在這一念縮短到極限，也是不存在的。若從智慧之心所見，念念只見過去的前塵及未來的夢景，現在的狀況並不存在。凡夫不能親證，因此，要用禪修方法來體驗它，體驗念念不住，念念不牽掛前塵，不憧憬後影，也不住於現在極短的一點，這實際上就是修剛才所講中觀、空觀、一行三昧。初用功時的下手處，仍得要隨時隨地練習在方法上，不論有什麼好的、壞的，以及各種各樣的心身狀況反應時，都不要去執著它，放捨諸相，只住於方法；當把方法用到既不執著前、也不執著後的時候，那就可以連中間的現在也不執著了。不過，沒有執著三世的情緒心，仍有如實應用的智慧心。至此便可了解《金剛經》所說「應無所住而生其心」的深意了。

4. 無念、無憶、無著

此外，《六祖壇經》的〈般若品〉裡，還有三個名詞是可用在方法上的，那就是無念、無憶、無著。它的原文文句是：「智慧常現，不離自性；悟此法者，即是無念、無憶、無著，不起誑妄。用自真如性，以智慧觀照，於一切法，不取不捨，即是見性成佛道。」這是說，每一個人的智慧，是經常現成的，因其未離每一個人的自性。若能悟得這個智慧之法，即是由於無念、無憶、無著；悟後的智慧之心，便是無念、無憶、無著、不起誑妄。所以真如自性之用，即是智慧觀照的功能。如何才算是智慧觀照？那是「於一切法，不取不捨」，也即是放捨諸相而至捨無可捨，連捨亦捨，那就能夠見性成佛了。

現將無念、無憶、無著的修行方法，條列說明如下：

⑴無念

即是念念於念而無念，即使把心繫於方法，也是妄念，是以方法的妄念取代散亂的妄念，既不住於散亂的妄念，也不執著方法的妄念。有散亂的妄念時，就用方法的妄念；沒有散亂的妄念時，連用方法的念頭也是該捨的妄念。當在執著妄念之心，成了不取不捨之心，便是無念的智慧心現前。

⑵無憶

就是不要回顧剛才使用修行方法的這個念頭，只要一回顧，便成攀緣過去，那就離開了正在使用的方法而成了妄念。因此，已經過去的念頭究竟是怎麼樣，不要去回顧它，不論是好的、不好的，均不要執著牽掛，不取不捨，便是如實地以智慧觀照。

⑶無著

也就是不要有取捨心，既不要執著誑妄的散亂心，也不要執著使用方法的專注心；既不要執著使用方法的專注心，也不要執著方法綿密時的統一心；既不要執著與宇宙化合的統一心，也不執著純淨自在的解脫心。到了此時，才是不取不捨的大智慧心現前。

其實，無念、無憶、無著的不取不捨心，就是默照同時的大智慧心，既然是默，當然要晦、要隱，可是心裡非常清楚，這就是照。只是對於身心環境的一切現象，雖會如實因應，但已不起誑妄的自我執著心，這就是默照同時。這種默照同時的工夫，其實也就是「應無所住而生其心」的境界。

三、保任（四種輔助法門）

前面已經解釋了四種增上，接下來將陸續說明四種增上的四種輔助法門：

（一）以求法聞法心，來堅固信心增上。

求法聞法，乃是修學佛法者的基本工作，因為信心的成長，要靠多聞熏習、親近善知識、遠離惡知識，求法聞法依教奉行，便可由仰信、解信，而至於證信。

修學佛法的第一個基本的原則，就是要將信心建立起來。如果信心不堅定，其他的都談不上。

「信」有許多的層次：

1.迷信

第一個層次是「迷信」。也就是自己不知道、不清楚，不管是什麼，只要有人相信，我也跟著相信，是盲目的信仰。所謂不清楚，也就是沒有一定的道理，就是「人云亦云」，人家信，自己也跟著去信。還有信的目的不純粹、不清淨，是為了得到不合理的利益，而相信一樣東西或者是人、或者是無形的鬼神。所謂不合理，就是不合因果、不合邏輯。像這種信仰，就是民間信仰的層次。

迷信並不等於沒有用，迷信也可以有若干的功能。但是因為它不合理，所以有後遺症；因為不合理，所以未必見得有用。如果真的有一些用處，也只是寅吃卯糧，只是借貸的性質。借了高利貸，借了多少錢，將來要還的錢更多，雙倍以上的還。

2. 仰信

第二個層次是「仰信」。仰信是聽著可信的人，譬如聽釋迦牟尼佛說，或者是聽某某善知識說修行有用、說佛經怎麼講、說修行禪法會得到什麼樣的結果，那是我們自己不知道、不清楚的道理，只是聽到對方講，因為我們相信這些人的人格，我們相信這些人不會說謊、不會騙我們，於是我們相信，這就是仰信。也就是說自己是不清楚的、不了解的、不明白的，但是有比我們智慧更高的人，他們福德智慧都超過我們，值得我們相信他們講的話，我們接受他們講的法，他們信了我們也跟著信，這個叫仰信。

我們對於佛菩薩和所謂神明的崇拜，往往也都是在這個階段。在「仰信」的階段，對象並不一定，凡是他有特殊的技巧、技能，或者是他的成就特別高、特別大，我們一般的人做不到，就會對他產生崇拜的信仰。這種好不好呢？很好啊！雖然我們做不到，但是見賢思齊也不錯的。

3. 解信

第三個層次是「解信」。解是理解的意思。從道理上能使你覺得這是值得可信的、講得通的，而且正是你需要知道、所嚮往的，而其他的人沒有講過，只有佛經裡面講了，或者是在大善知識寫的佛書之中講了，因此你就相信。從文字、書本、理論而進入佛法之門，這些都是解信。

仰信比較容易，解信要花時間研究以及理解。有很多的學問家或知識分子，都是從「解」而進入佛門。禪宗主要是靠證信而不是解信。可是證信如果沒有解信的基礎，這個證可能有問題。切切不可以不懂佛法、不懂佛經，而以自己修行的體驗來解釋佛經，那就是以外道見來看佛法的正知正見，也就是用非正見來解釋佛法，而就把佛法變成了外道法。

重視禪修的人，不一定要去做學問家，不一定要去考證，從文字上來做整理，從資料上來做彙整、研討、探索，不一定！但是正確的、基礎的知見還是要有。所以解信是不論是誰，不論是哪一宗、哪一派，這是共同的基礎。然後才能夠談到證信。

4. 證信

第四個層次是證信。也就是說，學習了解的同時也照著去做。照著做的時候，做多少就兌現多少，這樣子會覺得：「真有用！」有用，就會產生信心。

所以證信是通過自己的體驗，無論在生活上或是自己禪修的過程中實際體驗佛法，用佛法的觀念和方法照著去做；在生活中得到利益，在身心的健康得到受用，待人接物得到好處。對於生存環境的看法、想法和體驗，跟過去完全不一樣了，這就是讓我們得自在、得解脫，這就是慈悲和智慧的現前。而究竟是誰在修？誰在用？誰得利益？是自我得利益，自我得解脫。以自我得到的利益，再分享給和我們相關的所有的人，或者是我們能夠接觸到的所有的人。

凡是用佛法自利而又利他，那是真正的已經體驗到、得到佛法的利益，會讓我們不僅對三寶產生信心，也會對自己產生信心。因為只要用、只要練，就能夠成功、能夠得到利益。因此我們自己的身心就是一個道器，就是一個練習、修持、弘揚、護持佛法的工具，我們就會相信自己是很重要的，能夠修學佛法、能夠弘揚佛法、能夠實證佛法。

我們自心中如果證信完成了，或者是證信生起的時候，我們自心就是和諧的，就是和合的。我們的自心沒有矛盾衝突，跟外境也就沒有矛盾衝突，都是和合、和諧的。進一步而言，因為沒有自我的執著，沒有自我的稜角，因此和任何人、事、物都能夠相應。因為沒有自我中心，只有眾生而沒有自我，如此，自己就和佛、法、僧三寶是一體的，這叫作「一體的三寶」。

如果我們修行佛法而進到證信層次的話，心外沒有三寶，自心就是三寶，這個時候是不是說我們不要拜佛了？不要看經了？也不要供僧了？錯！自心本身就是三寶，當然你會自然而然地信佛、學法、敬僧，否則的話，你就是在自己否定自己了。

（二）以知過懺悔心，來保護持戒清淨。

知過懺悔，乃是用懺悔心來扶助戒增上，因為凡夫受了戒，隨時還會犯錯，如何彌補犯錯的行為？便是要懺悔。在聲聞戒的懺悔，主要是針對身、口二業的惡不善行及惡律儀要懺悔；大乘菩薩戒的懺悔，包括身、口、意三業的惡不善行及惡律儀，都要懺悔。聲聞戒在於長養出離心，菩薩戒重在長養無上菩提心。

持戒的目的是為了保護修行禪定成功，可是持戒而不犯戒是很難的，也就是說接受了戒的準則和規定之後，常常還是會犯錯的。因此，《菩薩瓔珞本業經》中說：「有犯名菩薩，無犯名外道。」一犯戒之後要以懺悔心來修補。一次次地犯戒，一次次地懺悔；一次次地懺悔，一次次地改善，終至於持戒清淨。聲聞戒的懺悔方式，有犯小錯的自責己心懺悔、得罪了某一個人時的當面對首懺悔、犯了稍大的過失須在三人中懺悔、犯了大過失則要在十人或二十人前懺悔。大乘菩薩戒的懺悔方式，則有自責己心懺悔、在佛菩薩像前懺悔，乃至要禮三世諸佛，懇切懺悔，直到見光、見華等瑞相現前，始知罪已懺除。

不一定要犯了什麼重大的過失，才需要懺悔，而是隨時要存懺悔的心。因為不僅今生曾犯的過失，往往已經忘了，何況過去世的無量劫來，有許多許多的行為是不正確的，有意無意，傷害了他人也傷害了自己。有的是因貪心，有的是因瞋心，有的是因愚癡心；凡是做了害人害己、或知或不知、或憶或不憶的惡事，這都是需要懺悔的。

懺悔，可以使得煩躁、閉塞、不開朗的心，變成清涼、豁達、很舒坦的心。不懺悔，則會使得自己假藉理由來推卸責任，而犯下更多的錯誤；犯了錯誤還找理由，以為是正當，這就是邪見了。邪見是不知因果、不信因緣，自己造了惡業，還認為是理所當然。

通常的人，都會認為他們自己是個善良的好人，只有受過他人的傷害，自己是不曾傷害過他人的，因為自己從沒有做過殺人、放火、強暴、搶劫等的這些壞事。但是，當我們在修行禪定、聽聞佛法之後，就會發現自己所犯的錯誤及過失是滿多的，自然而然就會生起懺悔心。因此，懺悔能護持淨戒，修習禪定不得力時，要知道懺悔。

在二十世紀的三〇年代，日本的帝國主義者，製造了一個「大東亞共榮圈」的好理由，認為中國太窮、太落後了，所以便發動侵略中國的大東亞戰爭，理由是為了幫助中國人。這樣的理由，有點像一個寓言所說：曾有一匹狼，看到有一隻羊要過河卻過不去，狼就說：「我來帶你過河，不帶你過去的話，你會不安全，我心裡真是不放心。」羊說：「你這麼好心，真是謝謝你，可是你怎麼帶我呢？」狼說：「最安全的就是進入我的肚子，那就會永遠安全了。」這似乎很有道理，若要叫那匹狼承認錯誤而來懺悔，那就難了。除非侵略者受到大挫敗，才不得不懺悔，普通人是不容易承認自己錯誤而願自動懺悔的。

一般常人，平時不知要懺悔什麼？如果遭逢災病厄難禍事，尤其是中國人，便相信延僧拜一堂什麼懺，例如：水懺、大悲懺、梁皇懺之類就沒事了，這不是沒用，就信仰上這也真的有用；但在禍事過後，又不知要懺悔了。其實，懺悔是日常生活中，隨時都該做的，表示對於所犯的過失負責，是誠實的做人原則。

如果在修習禪法之時，心緒不寧，妄想雜念太多，便是心浮氣躁的業障現前，此時應當以至誠懇切之心，做懺悔禮拜，一邊禮拜，一邊口念心繫：「弟子某某人，至誠懺悔，先世今生，一切惡業，盡皆消滅。」或者禮誦〈懺悔偈〉：「往昔所造諸惡業，皆由無始貪瞋癡，從身語意之所生，今對佛前盡懺悔。」誦一遍，拜一拜。經過懺悔禮拜之後，心緒就會沉穩，可以順利打坐了。

以上所說，不論是聲聞懺法或是菩薩懺法，都屬於有相懺，《六祖壇經》更說有「無相懺」的法門。那是自性已明者，隨師稱念：「前念、今念、後念、念念不被愚迷染、不被驕誑染、不被嫉妒染，願從前所有惡業愚迷等罪，所有惡業驕誑等罪，所有惡業嫉妒等罪，悉皆懺悔，願一時消滅，永不復起。」懺者懺其前愆，悔者悔其後過，今已覺悟，悉皆永斷。因為「罪性本空由心造，心若滅時罪亦亡」。犯過失造惡業，皆由情執的虛妄之心，迷情不除，業障不消。一旦情消執亡，明心見性，性本空寂，罪亦不存，所以最上的懺悔是無相懺法。但亦切切不可否定有相懺法對於初機修行者的重要性。

（三）以柔軟忍辱心，來促進禪定增上。

柔軟心即是忍辱波羅蜜，似乎與《維摩經》所說的「直心是道場」不一致。若依《六祖壇經》所解釋的「一直心」是「於一切法，勿有執著」，等於就是不受一切境界所動的忍辱心及柔軟心。《六祖壇經》中有三處提到「不思善，不思惡」的心，其實也是柔軟忍辱的一直心。世界上最柔軟的物體是水，修行人最柔軟的態度是忍辱，禪修時最有力的工夫是一直心。

水的適應性很強，因為它柔軟，所以能適應一切狀況，能隨機緣而變化多端。常流的溪水，遇到了小石頭，它會翻過石頭或把石頭帶著走；遇到了大石頭，水就繞過石頭從縫裡滲透著走；石頭太大、太多，形成了堤壩，擋住了去路，水就停在那兒，變成水池、水庫，等水慢慢多了之後，再從擋住的那個堤壩上翻過去；如果天旱，太陽強、溫度高，水就變成蒸氣，升空而去。水就是這個樣子，它總是有辦法過去的，可以化零為整，也可以化整為零，遇到什麼樣的環境，它都能以柔軟的姿態來如實地因應。

冷天，水會變成冰；熱天，水會化為氣；在天空，水會變成雲霧；遇到冷風，雲霧會變成雨、霜、雪。它隨時隨地都可以變化成不同的型態，但只要一有機會，又可以變回了水。因此，水的本質沒有變，永遠是水，但是它的型態可以千變萬化，也可以根本不變，只是為了適應環境的狀況而暫時改變了形狀，這就是可資禪修者們學習的柔軟心、忍辱心、一直心。

默照禪的鍊心過程是：放鬆身心、收心攝心、集中心、統一心，放下統一心，即是無心。不是像木頭、頑石、死人一般的沒有心，乃是打破自我情執的煩惱心之後的智慧心及慈悲心。

若要實證無心，必須先以柔軟心，修習默照禪法，當在實證無心之後，那就是柔軟忍辱心的完成。因為自己沒有一定要堅持什麼思想、觀念、立場，唯一的原則就是對人要有慈悲，對己不起煩惱。對自己不起煩惱是解脫自在，對人要有慈悲則是利益眾生。為了利益眾生而自己不起煩惱，便是利人利己的菩薩行，為了修持菩薩行，可以千變萬化，應人、應物、適應環境，這就是將修行默照禪的柔軟心、忍辱心、一直心，用在日常生活中了。

在精進的禪修期間，在禪堂用方法之時，遇到身心上的任何狀況，都要用柔軟心來面對它、接受它、處理它、不去管它，便是適應它了。對於逆境的狀況，要適應它，對於順境的狀況，也用同樣的柔軟忍辱心來應對它，那才能夠默而常照，照而常默，默照同時，超越了好壞得失的情執之心。

象岡道場曾為從臺灣來訪的八十位信眾，辦了兩天的禪修活動。在那兩天之中，有一個節目相當有意思，那是每個人從湖邊托著一碗水慢慢地走回到禪堂來，途中不能潑出一滴一點，並且自我約束：「如果流出一滴，就等於丟了一個頭。」有的人很貪心，把水裝得滿滿的一碗，走不到幾步水就流出一滴，雖然很快走回到禪堂時，但幾乎丟了幾十個頭，這就是心不夠柔軟，沒有耐性的結果。也有人一開始很謙虛，只裝了八分滿的水，慢慢地走回到禪堂時，一滴也沒流出來，這就是用柔軟心和一直心的鍛鍊方法，所得的效果。

（四）以慚愧精進心，來維護智慧增上。

智慧是沒有我執的態度。可是，當釋迦牟尼成佛之後，也是會說「我，如來！」或「我，佛！」，但這個不是情執煩惱的我，而是智慧慈悲的假名我。為對眾生而言，如來還是要以假名講我。

對於正在修行中的人來說，所謂智慧，應可分成未見佛性之前，以及見了佛性之後的兩個段落。

1. 因慚愧而生精進

如何養護增上這兩個段落的智慧？關鍵就在「慚愧心」。對於三寶、對於眾生、對於自己，應修的未修、應斷的未斷、已修的不足、已斷的未盡，都當感到慚愧。當在尚未開發自己的智慧之前，應當運用佛及諸善知識智慧的教法，精進修習。見性之後，所得的智慧性質，雖與諸佛相同，但所得的智慧力用，仍與諸佛有天壤之別，猶如毛端一滴水與四大海水相比，濕性全同，但量體懸殊。有些狂士，看過一些禪宗語錄，就滿口的佛言祖語，聽起來他們似乎已經大悟徹底，已與諸佛平坐平起。

事實上，如果自己尚未成佛，就用佛的口氣訓人；自己尚未開悟，就用祖師的悟後語賣弄；自己尚不是明眼的善知識，就用善知識的姿態來以盲引盲，這就是不知慚愧的人了。麻煩的是，不知慚愧的人往往未得謂得、未證謂證，也不會再去精進修習了。

《華嚴經》的〈梵行品〉有句話說：「初發心時便成正覺。」也就是說剛剛發起無上菩提心的人，就已經是成佛了。沒有錯，成的是因中的佛，不是果上的佛，就像是嬰兒剛剛入母胎，已經確定是一個人，但尚不是成人。修行時，如果開了真的智慧，能把自我中心的執著放下，就會體驗到無我的空性，就是見到佛性，已經確信自己必將完成佛果，唯距究竟圓滿的無上菩提，還有很長很長的道路要走。所以見了性的人，更需要常生慚愧心，常起精進心。

不知慚愧、不能精進的修行人，不是懈怠放逸的懶人，便是得少為足的狂人。所以禪修者必須隨時警惕，要不離慚愧心，常保精進心。

2.穩健踏實即足蹈蓮華

精進的目的，是為了開啟智慧、長養智慧。四種增上，都是精進的範圍，四種增上都須以智慧為準則，也都是以開啟智慧、長養智慧為宗旨。打坐、拜佛、看經、懺悔、做大布施等每一個項目，也都得精進；每天的二十四小時中，每一小時的每一念，常常在照顧著默照的工夫。中國禪宗的老師們，經常會問說：「走路的腳跟著地否？」意思是說在每一腳踩下時，腳尖、腳掌、腳跟，是否都是腳踏實地？如果步步著地踏穩，便等於步步足蹈蓮華，否則可能步步泥淖，乃至寸步難行了。

有人由於性子急躁、心思散漫、情緒不寧，以致工作時緊張慌亂，左手拿東西，右手丟東西，走路時右腳未踏實，左腳在搖晃。像這種手足無措、六神無主的狀況，也可算是腳跟不著地，也不是精進的態度。精進用功的禪修者，應該是在任何狀況下，不論快慢緩急，都能保持踏實、穩定、輕鬆、自然，夙夜匪懈，猶如川流不息。禪修者在修行過程之中，每一念都很清楚地落實在自己的方法上，中國的諺語說：「學如逆水行舟，不進則退。」精進不是拚命，休息不是放逸；精進是細水長流，休息是養精蓄銳，補充調理。

例如在慢步經行時，每一步都是非常踏實穩健，輕鬆自然地一步一步往前移動，便不會感到身體有多少重量和負擔了，好像一縷棉絮、一片羽毛，在空中隨風飄動般地輕靈、柔軟。

學會了正精進的用功態度，即使面對再嚴重的狀況、再重大的計畫、再複雜的事件，也不會有壓力感、不會憂愁、不會著急，只是按部就班、持續不斷地、一項一項處理下去。每個人只有一個頭、兩隻手、兩隻腳，每天只有二十四小時，一個人做不完的，當多結合幾個人來做，今天做不完的，明天、後天再做；該睡覺時要去睡覺，該用飲食時就去用飲食，遇到困難阻礙，就想辦法運用因緣來解決。絕不輕易改變方向，也絕不放棄朝著目標努力的心願。

3.不放棄也不放逸

養成正精進的習慣，便會將懈怠放逸的各種理由，放在一邊，踩穩腳步，繼續往前走。例如有一次，我在書桌上發現一隻螞蟻，我的第一個念頭是想將牠請走，但不知牠的家在哪裡，便由牠自己離開吧！我的桌上有鉛筆、紙張、書本，還有幾滴從杯子裡潑出來的水，我看到這隻螞蟻真有勇氣，也有毅力，當牠遇到鉛筆時，知道過不去了，衝不過去、鑽不過去，但繞個圈子就過去了；遇到書本時，用觸角試試、探探，用腳掌摸摸、搖搖，沒有停下片刻，接著又從書本上爬過去了。然後看到一灘水在那裡，先用觸角探了探它是什麼東西，覺得過不去時，就想繞著水的外周過去，但此時的那幾滴水，已經連在一起，將水域的範圍拉長、拉大了，螞蟻跑過來跑過去，碰碰這邊、碰碰那邊都是水，可是牠並不放棄，居然從水面上游過去了。我真是佩服螞蟻這種堅強的意志力，什麼都擋不住牠；牠不放棄、不放逸，好像也沒有慌張和著急，我想我們應該學學這隻螞蟻的精神吧！

正精進的態度，也像《伊索寓言》中龜兔賽跑的故事。烏龜爬得慢，兔子跑得快，但是烏龜腳踏實地，步步為營，鍥而不捨，從從容容地走完全程，而兔子心想：「哼，我反正是跑得快的！」跑不了多久就停下來休息睡覺，一覺醒來，發現烏龜已經先到了目的地。我們要學的精進，就是那隻烏龜的精神。

四、長養

在說明了默照禪法的修證觀念及修證方法，以及信、戒、定、慧的四種增上與保任這四種增上的輔助法門之後，另外要特別一提的是感恩、發願、迴向、親近善知識的重要性。

（一）感恩

為了飲水思源，我們應對父母、師長、朋友、配偶、子女感恩，應對提供我們修行觀念及修行方法的佛、法、僧三寶感恩，也要對一切眾生感恩。最重要的，不僅感恩順增上緣，也當感恩逆增上緣。

（二）發願

要發「上求佛道，下化眾生」的大菩提願，要發「自求出離三界生死，出離五趣苦海」的大菩提願，要發「不為自身求安樂，但願眾生皆離苦」的大菩提願。

（三）迴向

願將自己的禪修功德，上報一切恩，下濟眾生苦。迴向即是分享，以自己的修行所得，讓他人乃至一切有緣的眾生共同分享，身體力行，自利利人，廣種福田，多結善緣。

（四）親近善知識

我有一個弟子聽到《華嚴經》裡一位善財童子參拜了五十三位善知識的故事，就對我說：「我也要學善財童子，準備訪遍全世界所有的善知識。」有這樣好學的心，當然很好，不過，善財童子最初是由文殊菩薩的指點，告訴他去看哪一位，然後再由那一位善知識指導他再去看另一位善知識，如此輾轉，一位介紹一位，最後再回到文殊菩薩之前報告說，已經參訪了五十三位善知識。這就如同是我把學生送到一所大學，交給大學部的教授、碩士班的教授、博士班的教授，前一位教授指示去找下一位教授，當他學成之後，又回到我的寺院。所謂善財童子五十三參是這樣的一種狀況，並不是像無頭蒼蠅那樣地到處亂飛亂闖，那就不是遍訪善知識的大修行者，而是闖蕩江湖的「馬溜子」了。

一般的初學者，一定要有一位具德的真善知識，做為依止、親近、就教的本師，等到一門深入而有了基礎之後，才不妨在本師善知識的指導下，去其他地方參學。如果發現依止的本師，不具正見、不具律儀、不善教示，便可如良鳥，擇木而棲。

有些人經常換老師、換方法，雖也沒什麼不好，但也未必真的好。譬如一個病人，如果經常換醫生，有可能找到有緣的醫生，但更可能失去了除病的機會；因為再高明的醫生，也需要時間來熟悉你的病況，所以我看醫生是不會時常更動的。如果天天換醫生，每一位醫生都給我處方下藥，那我不是變成試驗用的白老鼠了嗎？修行也是一樣，老師換多了，就可能變成了修行的白老鼠。

一門深入是要專精的，這並不是反對「法門無量誓願學」，但是一定先要有主要的法門之後，才能思考修學其他的法門，並以此來利益眾生。

而善知識分有三類：

1. **教授善知識**

教授就是老師，是指從釋迦牟尼佛開始，每一代傳承的老師，也包括了現在的老師。當然，每位居士都可以有許多位老師。

2. **外護善知識**

外護，就是能夠協助你、成就你來修行的人，就像你們的家人、老闆及同事，還有許多贊助修行道場的護法信眾。

3. 同修同行善知識

是在日常生活裡一起修行的人，譬如家庭夫妻，稱為「同修善知識」，禪修者與禪修者在一起，稱為「同行善知識」。而我雖然是許多人的「教授善知識」，但是他們也都是我的同修同行善知識，這叫作互為善知識。

禪修的最高目的，當然是為了明心見性，若希望明心見性，必須在大善知識的指導下精進修行，所以《六祖壇經》的〈般若品〉說：「只緣心迷，不能自悟，須假大善知識示導見性。」閱讀佛、祖師的經論語錄及著作固然有用，也很重要，若能親近真善知識，則更加省力、更加安全了。故在《六祖壇經．機緣品》的永嘉玄覺條中，有一位玄策禪師，鼓勵玄覺禪師去參訪六祖惠能，而謂：「（不用真善知識證明者）威音王已前即得，威音王已後，無師自悟，盡是天然外道。」依據《法華經》所說，曠劫之前的最初一尊古佛，名號威音王，在這之前更無一佛，故在無佛的曠古之前，威音王佛是無師自悟的，此後皆須師承證明，否則便是天然外道。也可以說，在此地球世界，尚未有釋迦世尊成佛之前，沒有真善知識，釋尊成佛是無師自悟的，此後祖祖相承，皆須師承證明，否則，便是天然外道。

如今已離佛世遙遠，若在邊地、或逢亂世，真善知識難遇，若有不遇善知識而能依經教，不依經驗，自行化他，精進不懈，便是大修行人。倘若自擂自唱，而云自修、自悟、自作證，自稱是佛、是聖的人，恐怕就是天然外道了！

禪期圓滿之日，正是另一個禪修階段的開始。時時都要以初發心的新鮮感及謙虛心，在正知見的原則下，將一切眾生都當作善知識來看待，善知識是好師友，惡知識是活教材。魔眼見諸佛，諸佛也是魔；佛眼見諸魔，諸魔也成佛。

（西元二〇〇一年五月十九日至六月二日，講於美國紐約象岡道場十四天的默照禪期，初稿由姚世莊居士整理，同年十一月二十四日至十二月八日我又重寫一遍，增補了不少內容）

第二篇

象岡默照禪十開示

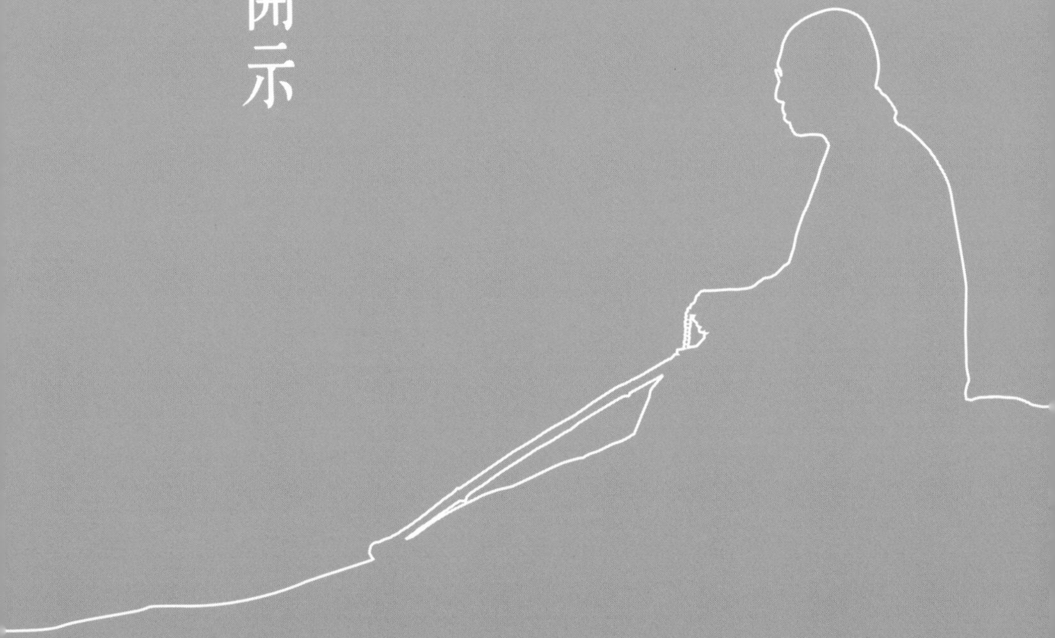

〈第一天：晚上（報到日）〉

放鬆放下，準備用功

一、師父引進門，修行在個人

這是我在美國主持的第九十八次禪期。過去曾經主持過七天、十四天，以及四十九天的默照禪，十天的默照禪則是第一次。但是，不管是七天、十天、十四天、四十九天，其原則與方法完全相同，只是練習的時間長度不一樣。

此次禪修有幾項較為特殊的事：有九十八位禪眾參加，另有十位義工，總共一百零八位，這個數字滿有意思的。將一百零八個人當成一百零八個煩惱，就是要將這一百零八個人的煩惱全部除去。但是，請諸位不要迷信剛好一百零八，就表示你們每一個人都可以開悟了，還是要好好用功才行。

到現在為止，我在東方、西方，與我有傳法關係，也就是經我印可，允許他們主持禪修的，共有六位，其中有三位參加了這次的默照禪十。但是你們不必去找、去猜是哪三位？禪修期間，他們跟大家一樣是同修伴侶。此外，這次的禪眾之中，也有幾位是資深的內觀禪老師。

因此，這次的默照禪是相當殊勝的。但是，老師引進門，修行在個人，好的老師，不一定有好的學生；好的學生，也不一定就表示他的老師是那麼地好，這是在於各人自己的善根及用功。如果善根不夠，更是需要用功，用功之後種下善根；如果善根深厚而不用功，那個善根只是個根，沒有澆水，沒有遇到陽光，就無法成長。所以，在禪期中，必須要靠你們自己努力用功，「各人吃飯各人飽」，師父是沒有辦法代替你們的。

用功的意思，是不浪費時間去自尋煩惱，不要浪費時間懈怠、懶散，而是要鍥而不捨、持之以恆，不去想失敗或者成功的問題，只是不斷地把心用在方法上。用功的原則，就是不要害怕有妄想，但是不要跟著妄想跑，這看起來好像很矛盾——不要怕雜念又要不跟妄想跑。不怕雜念的意思是什麼？就是不要故意自已找雜念，不要故意胡思亂想，但也不必討厭有妄想、雜念，只要不跟著妄想、雜念跑就好。當發現有妄想、雜念時，不需要懊惱、後悔，不要再問剛才那個雜念是什麼？而是趕快回到方法。這就是不怕雜念、不怕妄想，也不跟著妄念跑，如此一來，妄想、雜念便會自然立即消失。

二、保持新鮮的感覺

修行默照禪的首要原則，是將身體放鬆；包括肌肉、神經，練習著從緊張成為放鬆。神經緊張，肌肉自然就會緊張；腦神經緊張，身體上其他部位的神經也會緊張，關節也跟著緊張，身體就會變得僵硬而容易疲倦，這與修習默照禪，便是背道而馳了。

平時如果運動量少，或者在某些部位曾受過傷，打坐時可能在某一部位或某些部位會痠痛，例如腿痛、背痛，甚至胸部痛，這都是正常現象。如果痛得非常厲害，已經無法再安心，那就不需要忍痛，背痛就彎腰，腿痛就放腿。當然，輕微的痛是沒有關係的，反而能夠使你的心念較為集中。

這次有二十四位是第一次參加我所主持的精進禪十，也許這二十四位曾經跟我的弟子學過初級的禪訓，或者參加過其他道場的禪修，不過，到了這裡，就不要再管過去所學，應該完全聽從這裡所指導的方法。不論是第一次來，或是已經跟我禪修超過二十五年的，都應該認為自己是剛剛開始修行，每一個念頭都告訴自己：「這是新鮮的，我是才開始修行的。」禪修，最可貴的是初發心，請大家保持著新鮮的感覺。

三、只在當下

禪修期間，對好的狀況不必沾沾自喜，更不要希望、追求有好經驗出現，這種追求心就是散亂的妄想心；對壞的狀況、不好的經驗，也不必討厭。不論是身體、頭腦，任何一種好或不好的狀況，請你把它當成是幻境，你現在唯一的工作、任務、責任，就是用方法。

也請大家不要數時間、數日子，不要老是看著手表，計算著過了多少時間，這種心態是非常地糟糕，只會讓你痛苦、焦急、焦慮，那不是在修行。修行只在當下：現在、現在、現在……，除了現在，只有現在。不去想還有多少時間？幾天前究竟做了什麼？不想過去，不想未來，只想現在，離開現在，就是在打妄想。

修行期間，不要管他人的好與壞，別人有什麼動作，跟你沒有關係，你只要專注在方法上。如果坐在蒲團上很不舒服、很痛苦，可以坐到椅子上。當然，坐蒲團要比坐椅子舒服、穩定，坐椅子是不得已的事，如果看到別人坐椅子，自己也想去坐坐試試看，那你就上當了。

今天是第一天晚上，所以先不講方法，照理說你們應該已經有方法了，不管是從哪裡學的，如果實在什麼方法也沒有，就坐在蒲團上告訴自己：「我在打坐，我在打坐，我放鬆了，我放鬆地在打坐。」第一天晚上諸位可能會不習慣，因為現在宿舍還沒建好，睡的地方及衛生設備都很簡陋，請你們包涵。不管是睡在哪裡，要告訴自己：「我現在是在修行，睡覺也是修行，不去管身體是在哪裡，也不要管身體的旁邊究竟是什麼，睡哪個地方都是一樣。」

〈第二天：早上〉

默照的基礎觀念與方法

一、觀念與方法並行

看一看諸位的每一尊臉，是不是都像菩薩？菩薩是有慈悲、有智慧的人。對自己要有智慧，對眾生要有慈悲；有智慧，就不會讓自己痛苦、煩惱；有慈悲，就不會讓眾生痛苦和煩惱。如果自己造成自己痛苦、煩惱，那就是沒有智慧；如果造成眾生痛苦、煩惱，那就沒有慈悲。沒有慈悲的人是不可能有智慧，有智慧的人也不可能沒有慈悲，這是一體的兩面。

許多人來參加禪修是希望開悟，但是，如果平時常常讓自己困擾，不是後悔就是驕傲，不是自卑就是神氣、得意；失敗了痛苦，成功了驕傲，這樣的人根本不可能開悟。在我們所處的環境之中，一定是有事、有人、有眾生的，如果輕易受影響而生起煩惱，這是沒有慈悲，沒有智慧；只要自己起了煩惱，一定也會讓他人痛苦。如果能經常讓他人生歡喜心，自己的煩惱一定會減少，能夠這樣，開悟的可能性才比較大。

我們都是凡夫，為什麼是凡夫而不是聖人？這是因為愚癡、沒有智慧。因為愚癡，所以充滿了怨恨、嫉妒、懷疑，對人對己都不信任，所以自害害人。在愛人的時候，往往使他人痛苦；愛自己的時候，則變成自私，使得自己更加痛苦。如何才能減少一些愚癡，多一些慈悲與智慧呢？那就是要修行了。

修行，可以從兩方面著手：一方面從觀念的理解來糾正，另一方面則是用方法，將心從混亂的狀態變成清醒、清楚、安定。只有方法，那是盲修瞎練；僅有觀念，那只是知識。禪修必定是方法配合觀念，方法和觀念同時並行，就如同鳥之兩翼，缺一不可。

二、何謂默照？

此次的禪修方法是「默照」。默，是不受自己內心以及環境的影響而動，心保持安定的狀態。照，則是清清楚楚知道所有的狀況；以外在環境而言，有人在和你說話，或者有人在罵你、讚歎你，但是內心不受影響。罵你的時候，不會覺得委屈、痛苦；讚歎你的時候，也不會覺得很得意、很高興。你只知道：他罵你、讚歎你，這是他的事，不要受他影響。應該挨罵，不必生氣，罵得不對，這是他的事，為什麼要生氣？對內心狀況也是一樣，知道有煩惱、妄念，但是不去在乎它；清清楚楚地知道，但是不受影響，這就是默照。

默照就如同六祖惠能所說的「定慧不二」、「定慧同時」，默就是定，照就是慧。有定時，必定有慧；有慧時，必定有定。定是慧的體，體就是基礎，從定而產生智慧的功能。定與慧是不可分割的，有定的時候，智慧必定產生，有慧的時候，也一定和定相應。真正有智慧的人是不會浮動的，因為他具備定的功能。因此，剛剛開始用默照，默是默，照是照，定與慧是有前後次第的；一旦方法得力以後，就是默照同時，也就是定慧同時，這是禪宗的特色。

其實，禪宗並不是中國人發明的，在釋迦牟尼佛時代就已經在運用。經典裡有「如來常在定，無有不定時」兩句話，這是描述佛在日常生活中，不論說法、待人接物，無一時不在定中。諸多聲聞弟子及凡夫弟子，也看到釋迦牟尼佛出定、入定；出定的時候，就行化人間，放光說法度眾生，與眾生結緣，入定的時候就默然打坐。但是，對佛自己而言，沒有所謂的出定或入定，而是任何時間都在定中，這是定慧同時的一個事實。

凡夫所謂修定，指的是四禪八定，也就是世間的定；聲聞的定，除了世間四禪八定之外，再加上滅受想定，是為九次第定。在定中，智慧的力量無法表現，出定之後，因為有定的工夫，才能表現出智慧來。

修行通常是講止觀，但先止後觀是不容易的。我們都是凡夫，要先修定才產生智慧，而默與照就是練習的方法。剛開始用方法時，有照有默，先默後照，或者先照後默，默和照是無法同時的。照是觀，很清楚地在觀照；默則是止，不受前念與後念，以及內、外境的影響。一開始就默，是默不起來的，所以一開始要照，必須先從觀開始。因此，先要照，照現在用的方法，用現在所用的方法，使得心安定下來，當心安定之後，那就是默了。

三、以五停心、四念住為基礎

禪修最基本的方法是「五停心觀」——數息觀、念佛觀、不淨觀、慈悲觀、因緣觀，也就是五種方法。停，就是止；五停心的目的是要停止雜念、妄想，如何停？方法要先觀，所以稱為「五停心觀」。

五停心的進一步是「四念住」——觀身不淨、觀受是苦、觀心無常、觀法無我，其中第一項就是先要觀身，觀身與觀呼吸是同時的，觀呼吸實際上已經在觀身，所以四念住的方法還是觀，而不是止；觀的目的是為了使心安定下來，心安定就是止。因此，止的功能，一定是從觀而達成的效果。

默照雖然是大乘禪法，但是基礎跟五停心與四念住相關，所以默照禪一開始時先用照，也就是觀；觀照成功，也就是清楚地觀到心安定，不受內境與外境的影響而產生波動，那就是默。觀照的方法用得好，也是默照同時；天台宗稱為「止觀同時」，禪宗則稱為「默照同時」。所以默照、止觀、定慧，在開始時有一前一後次第方法，但結果卻是同時的，因為大乘的禪法是定慧同時、止觀同時，而不是一前一後。以上所講的是一個概論，也可說是默照禪的引言。

現在要教諸位如何來用默照禪。尚未用方法之前，先要說明方法的根源、原則以及功能。因為這不是我發明的，而是從佛、祖師，一代一代傳承下來，請大家絕對要有信心。昨天已經講了大概的原則，包括：1.放鬆身心。2.不管過去，不管未來，不管環境裡發生的事，只是用方法。3.不擔心妄念，不討厭妄念，不對壞狀況起瞋恨心、後悔心，不對好狀況起貪戀心、追求心，你的責任只在於回到現在的方法，繼續用方法。

四、體驗呼吸，珍惜生命

身體不舒服，如果不是很嚴重，就不去管它，只是用方法。如果腿痛得沒辦法坐，可以坐椅子，等腿能夠坐時，再回到蒲團上，或者偶爾變換一下姿勢，繼續坐下去。坐的姿勢相當重要，不管怎麼坐，第一要件是要舒服，第二要件是要穩定，第三要件是坐得持久。這三項要件的情況不要跟任何人比，而是以自己的判斷來做決定。

首先，把腿擺好，將腰挺直，後頸挺直，頭頂、下巴應該是呈垂直線，而不是仰著頭或低著頭。腰挺直時，小腹放鬆，下巴收緊，然後臉部肌肉放鬆，牙齒不要咬緊，嘴巴是閉攏的。眼睛可以睜開百分之二十，如果睜開時妄想很多，會受到干擾，可以將眼睛閉起來，但是不要胡思亂想。手的放法是右手掌放在左手掌的下面，雙手大拇指相接放在小腿上，不要用力，放好之後就不要再管它了。身體肩頭不要用力，輕鬆自然的，不向後張，不向前傾，不向上抬，不向下壓。身體重量的感覺，不在頭部，不在上半身，而是在臀部與蒲團之間，這是重量、重心之所在。

此時，請確認尾椎骨是否碰在蒲團上，這是不正確的，要將身體略為前傾。通常臀部是坐在蒲團正中央的前半部，後半部是空著的；如果尾椎骨靠著蒲團，表示你只坐了蒲團的小部分，或者蒲團前面的一部分，所以會碰到蒲團，這樣坐久了，尾椎骨會痛，不健康。

姿勢坐得正確、舒服、安定之後，開始時重心是放在臀部與蒲團之間，但是無法持久，雜念、妄想馬上就會起來。此時就體驗呼吸從鼻孔出和入的感覺，呼吸出時是溫暖，呼吸進時是清涼，體驗清涼與溫暖，但不要注意呼吸的深與淺，不要控制呼吸的快與慢，只曉得呼吸在鼻孔進和出的感覺。不必去想呼吸的量與質，也就是不去在乎空氣的質與量，否則就變成在練氣，而不是在默照了。

一定要對這個方法培養出興趣，要體認到你的每一次呼吸都是新鮮的，都是一個新的經驗，都是重新開始的一個生命。生命不斷地開始，不斷地向前邁進，而不是停留在原地踏步，否則會覺得無聊、枯燥。體驗自己的生命是非常重要的，不要浪費了生命，如果討厭、無聊，就是對自己的生命不珍惜；對生命沒有想要了解或體驗，這是很可惜的。所以，一定要將體驗呼吸培養成興趣，這樣妄念就會減少，心就會安定下來。

體驗呼吸時，可以想像自己是在生命大海裡游泳；雖然每一次伸出手向後划的動作，似乎都是同一個動作，但是，水並不相同的，每一次的距離、位置也不相同；每一次都是一個新的開始，一直一直往前走，走多少是多少。當然，在座的人並不一定都會游泳，但是總看過別人游泳吧？你要對自己說：「我雖然不會游泳，但我現在練習著在我的生命大海裡游泳，那就是我的呼吸。」

剛才所介紹的，是對於剛開始練習默照方法的基礎及次第。如果諸位已經練習過默照，有很好的程度，能夠用到默照同時，當然可以一開始就使用默照禪法。

〈第二天：晚上〉超越對立，有無雙泯

一、不受影響，隨時回到方法

昨天晚上很熱，諸位睡得還好嗎？任何一個時間，都是在用功地用方法，跟自己的現在在一起，這種熱得要命的感覺就不容易發生。去年我曾經到墨西哥市指導禪七，那裡比紐約熱多了，像火爐似的，我心想：「墨西哥人白天一定不會到外邊工作。」但就在正午時刻，我看到馬路上有修路的工人，他們不斷地流汗，不斷地喝水，還滿高興的樣子。最無法想像的是，太陽那麼大，有一些墨西哥人，竟然只用一塊白布遮著臉就躺在地上睡覺，而且睡得很熟。這些人真了不起，這麼熱還睡得著，真是佩服他們。記得我在少年時，夏天去做童工，也曾用白布遮著睡在地上，還睡得很高興。諸位想想，現在你們能在這個地方打坐，實在是最大的享受，正好可以用默照的方法。明明是熱，說它不熱是錯的，但是可以對自己說：「我知道熱，熱是真的，但是我的心不要煩，不要受它影響。」知道熱，是照；不受它影響，則是默。

昨天夜裡沒有睡好的，有可能是被別人吵得睡不著，或者是不習慣睡覺的環境。可能是同房間的人打鼾的聲音很大，或者住同一層樓的人進進出出，開門、關門發出聲音；也可能是因為太熱，覺得空氣不好，不習慣，所以沒辦法睡覺。但是，今天晚上還是要睡覺的，睡的時候可以利用機會練習默照方法。凡是聽到的、感覺到的，都很清楚，是照；什麼都知道，但是不管它，告訴自己「我要睡覺」，便是默。

我剛才吃過晚飯後去散步，穿著防水鞋，從湖這一頭的堤岸走過去，看到一條滿長的魚躺在湖堤上。我想救這條魚，就把魚抓起來準備放到湖裡去，當我抓到魚時，手就被刺破了。真是奇怪！明明看到的是條魚，怎麼會被刺到呢？原來在魚的肚子上有兩根毛，那兩根毛實際上是兩個魚鉤。原來，那不是真魚，而是做成魚的樣子的魚餌。我第一個念頭就是：「這是誰做的？這麼可惡！」第二個念頭還是：「真可惡，用假魚作餌來誘釣真魚。」講了兩個可惡之後，想一想說：「阿彌陀佛，我正在教默照啊！」

其實，「可惡」的反應是沒有用的，做魚餌的人已經跑了，這個念頭根本是多餘的。於是我就想：「嗯！這個魚鉤怎麼長得這個樣子，滿有趣的，這個人真是聰明過頭，弄個假魚來釣真魚，不過以後這裡要放個『禁止釣魚』的牌子。」所以隨時要告訴自己，心完全不受影響是不可能的，受影響之後馬上要調整，因為恨它、討厭它，都是沒有用的。聽到他人打鼾說沒有聽到是在欺騙自己，聽到打鼾，不舒服是正常的，但是要說：「謝謝，我正好藉此機會來修默照；我知道他在打鼾，我不要受他影響，我睡我的覺！」

二、不思善，不思惡

六祖惠能在《六祖壇經》裡有個偈子——「不思善，不思惡」，這並不是說世間沒有善，沒有惡；而是雖然有善惡的現象，但是我們的心，不要被善與惡所影響。善，就是對自己有好處時，不必覺得了不起；惡，做錯了，也不必覺得懊惱。在平常生活之中，只要不是在思想、思考著自己的善與惡，心就會穩定。在打坐時，不要因為今天坐了一炷好香而興奮，或是因為老是在打瞌睡、打妄想而懊惱、後悔。因此，對自己的善與惡，不必思考它，只是用方法。

對於他人也要「不思善，不思惡」，有人做了好事，有人做了壞事。人是有善有惡的，像我這樣的人，你不能說我是壞人，但是像那些專門殺人、有變態心理的恐怖分子，就不能說他是善人了。可是，雖然知道修行救人是好的，殺人是不對的，然而對眾生要以平等心來看，不要去想此人是善、是惡；他需要什麼幫助，就給予什麼幫助，不因為他是善、是惡，就選擇一下、挑剔一下。內心不受善與惡的影響，以平等心待人，心就會平靜，這就是默照的方法及工夫。

默，是不受影響；他人的好壞善惡，是他本身的事，你自己的心要經常保持著平靜，但是事情還是要處理的。例如有人拿刀要殺你或殺他人時，你說反正是沒有善、沒有惡，他殺我也可以，殺多少人都是沒有善、沒有惡，這樣是沒有慈悲。而是處理的時候，不因為此人可惡就要殺掉他，既然是要救眾生，殺過人的人也應當要救。這樣的慈悲心，就是照；心不受影響而起瞋恨心、煩惱心，則是默。

請諸位好好運用「不思善，不思惡」這兩句話，不要計較自己與他人的好與壞，有好、有壞是正常的。如果打了妄想、打了瞌睡，還說沒有打妄想、打瞌睡，這是自欺欺人。打瞌睡就是打瞌睡，妄想就是妄想，沒有問題。知道剛才打瞌睡、有妄想，但是現在好好用功，不要對剛才的事產生煩惱心，這是默；知道，則是照。不可能整天都在打瞌睡、打妄想，總有一些時間，曉得自己是在打妄想、打瞌睡，這就是默照同時。

三、絕學無為閒道人，不除妄想不求真

六祖大師的弟子永嘉大師，在〈證道歌〉中一開始就這麼說：「絕學無為閒道人，不除妄想不求真。」所謂絕學，就是沒有什麼好學的；無為，則是沒有什

麼好做的。沒有要學的東西，沒有要做的事，這就是閒道人。閒，是空閒，但並不是懶，閒道人與懶道人是不一樣的。懶道人是住在廟裡樣樣事都不想做，一天到晚就是在打坐，只想追求開悟，追求自己證個什麼果。閒道人則是心中無事，心中沒有要學什麼、沒有一定要做什麼，但是，並不是什麼事情都不做。以釋迦牟尼佛為例，他從成道之後一直忙到涅槃為止，他是閒道人而不是懶道人。

我自己有個經驗，在二十多歲時，修行相當精進，心中有許多的打算及計畫，也存著許多的疑問，打算著要怎麼修？未來我又會怎麼樣？頭腦裡有一籮筐的問題。當遇到我的師父靈源老和尚時，我認為這個機會太難得了，就請教他老人家給我開示，幫助我修行能修得更好。結果他老人家只是聽著，一個問題問他的時候，他就問：「還有嗎？」我就再問第二問題、第三個問題、第四個問題……，我想最後他一定會整體回答這些問題。那時候，頭腦裡的問題實在太多了，老是在想著「我將來會怎麼樣？會怎麼樣？……」，老和尚就是這麼聽著、聽著，我已經忘記問了多少問題，也沒有想到他是否還記得這些問題，一個接著一個地問下去，最後老和尚在床鋪上拍了一下說：「放下著！睡覺吧！」這一拍把我嚇了一跳，當我聽到「放下」時，很奇怪，所有的雜念、妄想、疑問全都不見了，想要問的問題也不需要問了。這個例子是告訴諸位，「放下著」這三個字對我受用太大了，實在就是「絕學無為閒道人」這句話。要做一個沒有什麼好學的，沒有什麼要做的修行閒道人；心中不要存有那麼多的東西，只要好好修行，這才是真正的修行人。

有人認為打坐、聽經、看經、念經、拜佛，這就是修行；而工作、開車、煮飯、買菜，都是在干擾修行，甚至有人會說：「寧動千江水，勿擾道人心，我正在修行，請不要干擾我，你一干擾我，讓我的心也動了。」這種人是修不成的，到最後一定修成了外道。沒有辦法將自我放下，是不可能見性、不可能開悟，因為太自私了。

六祖惠能在黃梅五祖弘忍座下時，他的修行就是砍柴、舂米。象岡道場最近有幾位菩薩，打了上一次的話頭禪十之後，就留下參加這一次的默照禪十，在此期間，就在這裡當義工。我問其中一位菩薩：「你在這裡參加二十天的禪修，其他時間都在工作，你合算嗎？」他回答說：「我非常地意外，雖然整天都在工作，但是並不覺得我是在工作。這個心，好像跟環境裡所有的工作打成一片了。」他整天都在為我們做各種各樣的雜工，心中卻無事，工作就是工作，而且住得很快樂，這是不是等於「絕學無為閒道人」？諸位要是願意住下來，也會這個樣子的。

接下來第二句是「不除妄想不求真」，這是非常重要的。因為妄想這樣東西本來是沒有的，只有在心中產生煩惱時，才叫作妄想。所謂煩惱，是心念跟自我的貪、瞋、癡、慢、疑相應，如果只有心念，而沒有自我在其中，這個念頭不會有問題；因為自私，老是在乎著自己的得與失、好與壞，結果變成了妄念，這就是煩惱。

什麼是「真」？許多人希望在打坐時開悟見性，見到自己的本來面目，也就是見到佛性。而現在，因為有煩惱，所以這個「我」是假的，開悟之後，似乎就可以見到真的「我」了，有這樣的想法是外道。

事實上，沒有佛性、開悟，以及本來面目這些東西，請諸位不要去追求，否則就被自我的追求心困住、綁住，被煩惱所困擾。追求心就是自我的自私心，如果無法放下，是不可能開悟的。其實，不追求開悟，它反而就在你的面前，一追求它就不見了。不追求，不拒絕，沒有要追求什麼或拒絕什麼，在這種狀況下，就是「不思善，不思惡」，也就是在默照——很清楚，但是不受影響。

釋迦牟尼佛的弟子阿難，當佛住世時，他經常會有依賴心，認為佛很喜歡他，總有一天佛會幫助他開悟、得解脫。但是直到佛涅槃為止，他還沒有開悟解脫，於是他想：「佛法已經傳給了大師兄摩訶迦葉，大師兄應該可以助我開悟。」但是摩訶迦葉也不睬他，不但不幫忙，還將他趕了出去。此時阿難就想：「佛已經不在世，大師兄也不管我，算了，我什麼也不求了，自己修行吧！」於是找了一個地方準備坐下去好好修行。由於期待心、依賴心都沒有了，正要坐下去還沒坐好的當下，便證得阿羅漢果。這就是「不除妄想不求真」，沒有準備要做什麼時，它反而就在你的面前。因此，隨時隨地不管妄想是什麼，回到方法才是最要緊的。

四、念念繫在方法上

雖然講「不除妄想不求真」、「不思善，不思惡」，可是默照的方法還是要用。打坐時，體驗呼吸在鼻孔出入的感覺；經行時，體驗自己腳步在走的感覺；吃飯時，體驗每一口飯咀嚼的感覺；出坡時，體驗你的手、身體，以及工作的狀況。甚至洗澡、喝水、上廁所，都很清楚自己是在做什麼，這就是照；有雜念不管它，則是默；很清楚現在用的方法，有雜念起，不管它，這是默照同時。

睡覺，也是可以用默照，你要說：「我要睡覺，我正要睡覺，我已經睡著了，現在聽到的，都是在做夢，不管它；身體以及環境裡的狀況，也不管它，我現在是在睡覺。」「我正在睡覺」是默，「我曉得我在睡覺」是照。照的時候，不是眼睛睜著說：「我怎麼睡不著啊！怎麼還沒有睡著啊！」這不是照，也不是默；不是在用方法，而是在打妄想。但是，請諸位不要就寢時故意弄出噪音，還不知慚愧地說是幫助其他人好好修行默照，你還是要盡量悄悄地、輕輕地，不要製造噪音。

默照是最好用的，在任何時間，任何一個念頭都可以用。每一口呼吸就像是游泳的每一個動作，在你生命的大海裡前進、前進，一手一手地往前划。無論是動或靜，在任何一個狀況下，都可以用這種態度，能夠這樣，心就很容易安定，容易統一，容易得力。

〈第三天：早上〉

隨息法與只管打坐

一、改變偏差即是修行

修行，在中文的意思，修是修正、修理。當身、口、意三種行為有偏差時，需要修正、糾正，而煩惱心破壞了智慧心時，就要修理，修好之後，再繼續使用。

一般人乃至普通的佛教徒們，都認為敲木魚、誦經、打坐、吃素、在佛菩薩像前禮拜，就是修行。沒有錯，這些是修行，是輔助我們調整觀念及行為的種種方法。但是如果習慣不改、觀念不變、行為不糾正，那些修行是沒有用的，是在浪費時間，裝模作樣。

諸位在這十天之中，任何時間、任何場合、任何空間，都是在修行，否則洗澡時，不是修行反而是放逸；吃飯時，不是修行反而是享受；出坡時，不是修行反而是受苦。我們的心隨時要安住在現在，很清楚地把現在做好，這就是修行了。譬如說，當你用衛生設備時，看到其他人用過之後弄得很髒，讓你不方便，而你用完之後心想：「剛才的人沒弄乾淨，我也不必收拾，反正已經髒了。」結果第二、第三人都是如此，這個地方就愈弄愈髒。本來是人用的衛生設備，幾個人一用之後，變成了豬的生活環境，這不是修行的態度。應該在用完之後，不論剛才的人是否清潔了，我盡我的責任把它弄乾淨，讓下一個使用的人覺得方便，這就是修行。

禪修期間，要練習著身清淨、口清淨、心清淨，然後保持著環境清淨，這也是修行。我聽說諸位菩薩在用餐之後，不會將碗盤清理乾淨，甚至還要留下一點飯菜表示已經吃飽了，這是一般人的一種壞習慣。特別是有些人認為，將碗盤內的東西全部吃光是不禮貌的，必須剩下一些。這種觀念是非常地糟糕，不僅浪費食物，也汙染了環境。

修行是讓我們在日常的生活中，改變、修正壞習氣、壞觀念、壞行為。如果能因此讓家人發現你跟過去不一樣了，知道修行是有用的；漸漸地，家人也跟著你來修行，這就是度眾生。否則，來修行之前與來之後，完全一樣，那就是白來了。

二、只管打坐

現在繼續講方法。既然生活就是修行，為什麼多半的時間還要在禪堂裡打坐？這是因為我們想要修行，但是不知道自己心念以及行為的哪些地方需要修正。專注用方法的時候，就會發現心裡出現許多許多的雜念、妄想，這些雜念、妄想，都與平常生活之中所發生的行為和習慣有關。發現行為和想法有偏差時，就需要改進，所以在禪堂是在鍊心，學著認知自己的雜念、妄想是什麼，並練習著讓它們愈來愈少。

到現在為止，只介紹了一種體驗呼吸的方法，諸位在體驗時，是否真的覺得是在生命的大海裡游泳，好舒暢、好平穩、好安靜、好快樂？有了這種感受體驗，就可以再進一步。如果體驗呼吸在鼻孔出入的感覺，愈體驗愈覺得無聊，或者想要體驗，但是頭腦出現的雜念、妄想，使得心無法體會到鼻孔呼吸的感覺，有這種情況，同樣也可再進一步。

默照，這個名詞是中國曹洞宗所提出的，日本曹洞宗不叫默照，而稱它為「只管打坐」，這是最容易的一種方法。體驗呼吸時，還要曉得呼吸從鼻孔出入之感覺，而「只管打坐」太簡單了，往蒲團上一坐：「我在打坐，我曉得我在打坐！」然後將身體姿勢坐正確、舒服、安定，其他什麼事都不管；但是，一定要曉得是在打坐，否則就會睡著了。

「只管打坐」可分成三個層次：1. 我在打坐，2. 我的身體在打坐，3. 我的身心全部都在打坐。「我在打坐」只是個觀念；身體在打坐，是照；身心都在打坐的時候，沒有雜念，只有身心統一，這便是「只管打坐」的根本方法。

身心統一，身心一致，沒有雜念。曉得自己是在打坐，雜念來了不管它；環境裡有任何動靜，不管它，這就是默照。只管自己的身體在打坐，知道身體上某些局部的反應，不需要管它；不管它，是默；我知道我在打坐，是照。體驗呼吸的感覺，只是身體的一部分，要把心擴大、放大，安心地體驗身體全部的感覺。但是，不可能對身體每個地方全部都有感覺，通常只對痛、痲、癢，或者不舒服的地方有感覺，特別是在動的部分；知道，但不要管它，不要特別留意任何一個局部，而是知道全體。知道全部的身體，甚至知道你的心都在打坐，將體驗呼吸這一點擴大到你的身體，甚至全部的身心，那就是你的生命都在打坐。

三、隨息觀

體驗鼻孔呼吸的感覺，叫作「隨息觀」。隨息，其實就是四念住的觀身和觀受的方法。如果能夠從體驗呼吸而將方法擴大到體驗全身在打坐，就更好一些；如果不能轉變也沒有關係，只要心安定就好。

體驗呼吸是很單純的，只要知道空氣從鼻孔呼出時是溫暖的，從鼻孔吸入時是清涼的。絕對不能去控制呼吸，使它快或慢，多或少；也就是說，你的責任是在於體驗的感覺，而非去計較、考量呼吸的量多量少，以及呼吸的品質。不要像狗的嗅覺似地去研究空氣的品質，一研究，會覺得空氣很壞，一計較呼吸的量，就會很貪心地希望多吸一點，這是不必要的。只要把身體姿勢坐直，頸部不要彎，下巴收攏，呼吸量及氧氣量是絕對夠的。

根本原則是在身體要放鬆，坐的姿勢要平穩，身體上的痛、癢，知道而不管它。如果痛得很厲害，腿痛就放腿，背痛就彎腰，頭痛就將注意力放在臀部與蒲團之間。如果頭部發熱、發燙，也許是有病或感冒，這就需要吃藥休息了；除此之外，身體上任何狀況都不管它。有些人會連續地抖動，那是因為特別注意身體某處的關係。

〈第三天：晚上〉

真正的修行是心中無事

一、選佛場

現在我所說的方法，就像是開藥方，都是經過實驗，如果相信它，使用時就會有用。有幾個要領請諸位要記得：「不思善，不思惡」，以及「絕學無為閒道人，不除妄想不求真」。這些要領就是方法，隨時用它放鬆你的身心，不要擔心有妄想，有妄想產生，就隨時回到方法上。

在我們禪堂的正門口，掛了「選佛場」三個字。大家一定很好奇，尤其是西方人，會認為禪堂掛個裝飾品，是什麼意思啊？

「選佛場」其中的一種意思是說，這個地方是提供人們，從煩惱心之中將佛心選出來。關於這三個字的來歷，有種種的說法以及不同的故事，有些故事是製造出來的，根本沒有發生過，不過我現在要講的是一個真實的故事：

有一位年輕的讀書人，他很用功地讀了十年書，準備赴考做官。赴考場途中，有一天借住到一間廟裡，廟裡的和尚問他：「年輕人，你經過這兒要到哪裡去啊？」讀書人說：「我要去趕考，準備考官、選官去。」和尚問：「你要考官，準備了多久啊？當了官以後要做什麼呢？」年輕人回答：「哦！很辛苦，我已經拚命讀了十年書，當官之後就要管事，那就很忙了。」和尚又問：「這不是太累、太辛苦了？你要選官，為什麼不選佛呢？選佛最簡單、最容易的。」年輕人一聽：「選官我知道，選佛要怎麼選呢？選上了又怎麼樣呢？」和尚答說：「很簡單！什麼都不要準備，什麼也不必期望，佛就在你的面前，你已經選上了。選佛選上之後，你自己根本沒事，但是，你可以為一切眾生做老師，為一切眾生奉獻。」年輕人說：「這真是太好了，又可以做老師，又可以奉獻，自己又沒事，也不需要準備，這太好了！」

結果這位年輕人不去選官，就在這間廟出家，出家之後就寫了「選佛場」

三個字；他沒有事情做，就在那邊選佛了。這個故事就是永嘉大師〈證道歌〉所講的「絕學無為閒道人，不除妄想不求真」。如果能把這兩句話做到，你的佛已經選成功了。象岡道場的禪堂既然是「選佛場」，諸位來到這裡，應該沒有事才對。

宋朝有位用話頭的禪師——大慧宗杲曾說過：真正會修行的人，是最省力的。如果覺得很累、很忙，表示不知道什麼叫作修行。修行，是心中無事；用默照，主要也是讓我們心中無事，沒有牽掛，不牽掛自己狀況的好與不好，不牽掛過去的好與不好，不擔憂未來的好與不好，這就是「不思善，不思惡」。這個時候，就是在選佛，因為心是安靜的、平安的，跟智慧是相應的。

二、不觸事而知，不對緣而照

「不觸事而知，不對緣而照」這兩句話，是默照禪的開創者——宏智正覺禪師所說，指的就是默照。「不觸事而知」，是對一切狀況都很清楚，但是不要將它當成一回事，這些狀況跟你沒有關係。事，就是狀況，環境裡的人與事的狀況，自己內心和身體產生的狀況，很清楚的知道是有的，但是跟你沒有關係。這似乎是很奇怪，自己的想法跟身體上的感覺，怎麼會跟自己沒有關係？沒有錯，是有關係，但是不要在乎它，這就是默；很清楚知道有這個狀況，是照。狀況發生還是要處理，但是不必說「我」在處理，處理事就只是在處理事，那就不會生氣煩惱了。

有一位已經往生的老教授，過去常常在我們紐約禪中心演講，當他得了癌症有人去探望時，他就侃侃而談地告訴訪客說，這個病是什麼時候開始的，現在是什麼狀況，將來會變成什麼狀況，害了這個病要如何去治療。去探病的人跟我說：「師父！這位教授滿奇怪的，他介紹他的病情時，好像是在講別人，沒有感覺到是他自己得了病。」這就是「不觸事而知」的例子，事情他是清楚地知道，然而並沒有將這樁事看成與自己有那麼嚴重的關係。

諸位現在用默照的方法，多半能夠做到這一步：對自己的身心狀況以及現在生活的環境，都很清楚、明白；知道環境內有噪音，或者氣溫很涼、很熱；自己很快樂、很不快樂，很舒服、很不舒服等狀況，你都知道，但是不要再起第二念：「這是『我』。」要將情況客觀化；有這樁事，但不是「我怎麼得了，我怎麼得了……」，這樣想就會很痛苦，照也照不清楚，默也沒有默。如果能夠照、能夠默，這樁事我曉得，但跟我沒有什麼關係。能對自己的妄念、身心狀況、自己的個性以及種種問題，知道得很清楚，隨時修正它，這就是修行。否則知道自己有那麼多的缺點，於是自怨自艾、自悲自責，這就不是在修行了。

「不對緣而照」，「對」的意思是攀緣，「緣」的意思是對象；自我和對象產生糾纏不清的狀況就是「對緣」。「不對緣」是指不將任何對象當成是「我的」對象，既然沒有對象，「我」就不存在，「我」不存在，煩惱也就不存在。

最近遇到一位菩薩告訴我，有個男孩子見到另一個女孩子時，一見面就對她說：「我跟妳有緣。」女孩子被他嚇了一跳，他要緣人，人家卻不緣他。從此以後，這個男孩子就神魂顛倒，日思夜想，老是想著這個女孩子跟他有緣，後來女孩子一害怕就去報警，要求警方保護，最後這個男孩就被帶到警察局去了。這個男孩子就是在「對緣而照」，曉得有這個對象，不斷地追，那是煩惱；如果「不對緣而照」，知道有這麼一個女孩，可是不一定跟自己有什麼關係，那就不會惹出這麼多問題了。

當我們打坐的時候，一定會有一些狀況出現，沒有狀況反而是很奇怪的。坐著的時候，眼睛會看到地板上的圖案，耳朵會聽到飛機的聲音，身體會流汗，也會有一些痛和癢，或者心中想著隔壁的人坐下去、站起來的樣子有點怪怪的……，凡此種種都是緣，在環境裡一定有緣的存在。除此之外，自己內心的念頭也是一種緣，譬如：「剛才想到一件想了很久都想不到的事，真可惜，沒有用筆將它記下來，再想想看那究竟是什麼？」這一下子，就變成老是在妄想裡，剛才就是在妄想，現在又再追蹤那個妄想，妄想加妄想，在妄想中打滾，這就是「對緣」。不對緣，就是不論是心裡想的、身體上感覺到的、環境裡面所有的一切，跟我沒有關係，不把它當成是我的對象，不去注意它，我只曉得我用我的方法，這就是「不對緣而照」。

曾經有位菩薩在打坐時，不斷注意著前面女孩子的背，坐了一天之後這位菩薩要求換位子。我問她這個位子有什麼不好？她說：「前面那個女孩子的背歪歪的，我老是想去糾正她。師父說過打坐的姿勢要正確，這個女孩子坐得歪歪的，但是我又不能講話，我坐在她背後，看到她那個樣子，我很難過，好像我的樣子就和她一樣。」這就是「對緣而照」了。禪修期間，不僅其他人跟自己沒有關係，連自己的前念與後念、自己的身體狀況，都跟自己沒有關係，這樣子才會坐得安定，這叫作「不對緣而照」。否則緣太多了，老是在攀緣，攀過去緣，攀未來緣，攀當前的緣，這叫作多管閒事，這不是閒道人而是忙道人。

〈第四天：早上〉

心無所求，安住在當下

一、無所求的態度

默照本來是非常單純而簡單的，可是在運用的時候，還是因人而異，要靠個人的揣摩，如何讓自己的心安定下來，牢牢地將自己的心貼在方法上，不離開方法。

有人覺得自己已經非常用心、非常努力了，但是用方法時很累、很吃力，而且心還是浮動的，無法用上方法。這就像騎馬一樣，一騎上馬，馬就將你甩下來，甚至還踢你兩腳，因此希望找一匹訓練得非常熟練的馬來騎。其實，那匹馬就是你自己，要如何順利、輕鬆、不吃力？很簡單，不要期望太高、要求太多，也就是「不除妄想不求真」，那是很省力的；沒有企求，錯了就重新再來，有雜念是正常的；不論是只有一念或者兩念在用方法，都很歡喜，只要現在知道用方法。

能夠以無所求心來用方法，方法是很省力的，很容易將心安定下來。既然是無所求，諸位一定會覺得為什麼還要到禪堂來禪修？我們求的是能夠開智慧，使煩惱減少；但是，就因為希望煩惱少，希望求智慧，所以必須以無所求的態度來用方法，否則會適得其反，企求心愈高，煩惱心愈重。因此，在打坐之前要發心，所求的只是方法，不求其他，不求沒有妄想，不求有好成果，這就是修行的基本態度。

禪的修行，為什麼稱為頓悟？因為所使用的方法就是「頓」，不是要人從觀念上來分析、辯論、思考。一般人對於許多問題，可能會問理由、原因，進行分析，然後做結論，是合理或者不合理，能解決或不能解決；一般的知識系統，都是用這種方法。而禪修是當下就在用方法，其他的不管它；這樣好像沒有解決問題，但是如果隨時隨地能夠用方法，這些問題就會徹底解決，不論是否有理，至少煩惱沒有了。

二、放下執著，放下煩惱

禪修的目的及功能，不在於公平合理，不在於客觀的事實變或不變，而是在於自己能夠過得平安、快樂，不受外在狀況的影響。禪宗祖師們對弟子的教育，不論有理沒理，都給三十棒；有理的一開口，就給三十棒；沒有理的一開口，也給三十棒。表面上看起來這個禪師似乎非常粗暴，不講道理，其實，這是要打破一般人過於使用邏輯、思考的習慣；如果直接放下執著心，就能得解脫。雖然外在客觀的事實是有理由的，不過光是講理，是不能解決自己內心煩惱的問題。

在二十多年前，臺灣曾經發生一樁很大的風波。我的老師白聖長老，也是當時中國佛教會的理事長，有一天他演講時說到：「臺灣現在男眾的出家人愈來愈少，那是個危機，像日本就不會有這種危機，因為他們的出家人都結了婚，兒子可以接下寺廟繼續維持下去，而臺灣的男孩子都不願意出家，將來寺廟不知道要由誰來經營！」結果第二天報紙、雜誌都在報導說：「白聖長老主張臺灣和尚要結婚。」接連幾天的早、晚報都在談論著這個問題。白聖長老很煩惱地問我說：「聖嚴啊！你來替我想想辦法，怎麼辦呢？」我回答說：「無言勝有言，您已經講了這些話，再解釋，人家又會重複地說您演講時講了些什麼。現在要再否認您的演講，這是不可能的。輿論說您是贊成結婚，可是您現在並沒有結婚啊，所以就不管它吧！佛學院照辦，傳戒照傳，多成就一些出家人，將出家人的身分提高、素質提昇，自然會有人來出家的。現在再講也沒有用，不必辯論也不必回答！」這個方法很有用，跟他談過之後，當人們再問他時，他就回答說：「我要講的已經講過了，你看我還俗了沒有？」這場風波就因為不再辯論而停止了。

幾年前，寫《弘一大師傳》的陳慧劍居士，有一天拿了幾本書來見我。這些書都是在講禪，而且把臺灣以及大陸，凡是華人佛教界的法師全部都批評了，這其中還包括了印順長老，我當然也被批評了。書裡說我們這些法師全部都是外道，只有作者本人講的才是真正的佛法。陳慧劍居士問我說：「這還得了，這些大德法師都是外道，那他是什麼呢？」我說：「他的書裡，不是講他自己就是佛嗎？」陳居士說：「我們必須予以反駁！」我回答說：「從釋迦牟尼佛時代就有外道，外道毀謗佛法是正常的，否則就不能稱他為外道了。說我們是外道，實際上他才是外道，何必跟他去囉嗦！危機，不在於外道毀謗佛法，破壞大善知識，而在於佛教沒有人才。如果多一些有智慧、有慈悲，真正懂佛法的修行人，外道算什麼呢？佛教自己沒有人才，專門去跟外道辯論，實在是得不償失，浪費時間。」老居士聽了之後反問我說：「法師，您在二十多歲時，不是也出了一本書跟外道辯論嗎？」我說：「阿彌陀佛！那個時候我是無知，所以跟他們辯論，現在懂得一些佛法，就知道根本不需要再去辯論了。」

大概是在七年前，天主教教宗若望保祿二世，出了一本書《跨越希望的門檻》（*Crossing the Threshold of Hope*）。這本書翻譯成幾百種語文，其中有一篇專門在講佛教。有人就拿了這本書給我看說：「師父，您見過教宗，他是您的朋友，您應該教訓教訓他，不懂佛教還在亂批評佛教。」其實，我和教宗只見過一次面，我也不知道他是否認識我。於是我跟他說：「站在天主教教宗的立場，要是說佛教好，那才奇怪呢！說佛教不好是正常的，這本書不是給佛教徒看，而是給天主教徒看的。其實，這樣寫也很好，佛教徒看了之後，會覺得天主教竟然如此誤解佛教，就不會去信天主教了；對天主教徒來講，本來就是天主教徒，根本不受其影響，所以我不需要講些什麼話。」

三、好好把握現在

講了這麼多的譬喻故事，目的是要告訴大家，要守著自己現在的方法，不要瞻前顧後，顧此失彼，這是非常現實的現實主義。中國有句諺語說：「百鳥在樹，不如一鳥在手。」其他的東西再多，就好像一百隻鳥都在樹上，你看看這隻鳥、那隻鳥，那都不是你的。如果有一隻鳥已經在手上，那才是真正屬於你的，你只要照顧這隻鳥就好了。方法也是一樣，只有現在這個念頭在方法上是重要的，其他的都不重要。過去的問題及狀況，也許對過去有用、對未來有用，可是現在這一刻如果不好好把握，連現在都會沒有了；現在這一個階段如果能夠踏踏實實，真正得力，過去及未來的問題也能解決。不要浪費現在，現在是最重要的，也是非常現實的。

最近看到一篇在《人生》雜誌發表的文章，內容是說，動物是最好的禪修者，因為動物沒有什麼記憶及思想，牠只知道現在、現在，經常就是處在現在，完全是直接的反應。所以任何動物，當遇到對其生命有危害的狀況時，都會非常地敏銳，這包括氣候、環境、敵人。譬如要下大雨，或者房子失火前，螞蟻、老鼠會搬家，這都是因為牠們只有現在，以致於感覺非常敏銳，所以禪修者最好學學動物。假如禪修者，能夠將心練習著隨時放在現在，也會具備這種敏銳的能力。

為何有些人會有神通、第六感，以及第三隻眼？是因為禪修的力量。但是禪修的目的不是修神通，而是要修智慧、除煩惱，所以更需要將心放在現在。請諸位不要認為練習把心放在現在，從此，過去的就忘掉，未來的就不管了，沒有這回事！人還是人，把現在照顧好，心能夠隨時隨地練習著放在現在，如此一來，對過去、對未來的處理和預測，將會更正確。

四、身心都在打坐

現在再來複習一下，方法已經講過兩種：1.體驗呼吸從鼻孔出入的感覺，只管呼吸出入的感覺，不管呼吸的多或少、深或淺，或者空氣品質的好與壞。2.體驗自己的身體在打坐，要體驗、知道身體的全部都在打坐，不要特別注意有知覺、感覺的部分，沒有知覺的部分也知道是存在著；知道「我在打坐」，但是請不要在腦海中想像著自己在打坐的形相，這是想像著打坐，而不是體驗自己的身體在打坐，這兩者是不一樣的。用頭腦想像，可能會出現兩種狀況：1.身心分離，漸漸會看到一個自己的形相在打坐，造成幻覺出現。2.用頭腦想像身體在打坐，於是頭腦會衝氣、會痛。所以，請諸位不要想像著一個形相在打坐，知道這個身體在打坐就好，身心全部的我都在打坐，這是非常實在的；僅僅是「我在打坐」，這是個觀念；如果只停留在「我的身體在打坐」，很可能會產生幻境而變成一個圖像；如果身體與心結合在一起，我的心知道我在打坐，身心都在打坐，那就是一體了。

〈第四天：晚上〉

法住法位，世間相常住

一、天地萬物皆在說法

剛才我去湖邊，看到一隻顏色灰白相間的鳥，停留在湖面的一根木頭上。最初我以為木頭上長出東西，因為我觀察了十五分鐘之久，這隻鳥毫無動靜，我心想：這究竟是什麼呢？一開始，我不確定那是隻鳥，我對牠叫了兩聲，牠沒有動靜；當我正想離開時，突然看見水面上有個水花，原來這隻鳥很快地啄了一下，就獵捕了一條魚，馬上把魚吃掉，然後這隻鳥又不動了。

我真佩服這隻參禪的鳥，牠一定是學默照的。牠安靜地停留在木頭上，什麼狀況都不管，但是牠很清楚情況。當魚在水裡游來游去時，根本不知道有隻鳥，等到游近時，鳥不動聲色，一點也不累地跳出來把魚吃掉。這還真需要一些工夫。早上我提到一篇文章，說動物是活在當下而不管過去及未來，所以對當下特別敏銳。而一般人活在過去，活在未來，忘掉現在，因此要用方法來幫助自己活在現在，使自己更靈敏、更敏銳，那就是智慧的出現。

修行，是可以向任何人或動植物學習佛法。佛經裡說：「大地所有一切的萬事、萬物，都在放光說法。」這是指地球上所有事物，無不是在放光說法。相反地，鳥吃魚如果以另外一個角度來看，一定會認為這隻鳥很陰險、很可惡；魚是那麼地天真，悠閒自在，結果被鳥所騙。如果鳥動一下，魚就會避開，可是牠卻像木頭似地動也不動，這條魚真是可憐！如果有人因此恨那隻可惡的鳥，也為那條魚嘆息，好像很有正義感的樣子，但這樣卻不是佛法，而是一種煩惱法。

有很多人，每天一睜開眼就在自找煩惱。不論是看見人、看見動物、看見東西，本來是他人的麻煩、困擾，因為打抱不平，結果被捲入其中而變成了自己的麻煩、困擾，這是很可憐的，這不是佛法。

二、以智慧處理事，以慈悲對待人

有位菩薩問我：「修默照，是什麼事情都不管它，如果覺得自己的配偶做錯了事，像這種情況，要不要管呢？」我回答說：「這要看狀況。如果對方願意接受，為什麼不管？如果知道去管它，會變成家庭戰爭，造成兩人都煩惱，還要管嗎？不管它！雖然會有問題，至少並不嚴重。」許多人愛管閒事，好打抱不平；不管時，問題還不嚴重，一插手，問題反而更嚴重了。所以，修行人要用智慧來處理事，要以慈悲心來關懷人。

有智慧、有慈悲的人，稱為修行人、菩薩。在修行菩薩道，處理人際關係的問題時，應該以三種方式來處理：第一種方式是對很有修行，也很有信心的弟子而言；如果兩人在爭執，彼此都認為對方是錯的，這位有智慧的老師，一定是有理的打三十棒，沒有理的也給三十棒。既然是修行人，還計較什麼？計較就產生煩惱了。諸位有沒有聽過，古代的中國禪師及祖師們，動不動就是棒、喝；打人是棒，罵人是喝。這是因為有智慧的老師，很清楚知道弟子是很有修行、很有信心，才會用這種方便法。你們諸位，如果問一句，我就打一棒，可能你們很快就要打電話報警，說這裡是個瘋人院了。

第二種處理方式是見到想要修行，但是沒有信心，也沒有什麼修行的弟子發生爭執時，他們都在數落對方的錯誤，老師的處理方式是：「你們都是對的，都沒有錯，錯的是老師沒有把你們教好，所以你們會吵架！」因為老師承認錯誤，兩個徒弟覺得對不起老師，就不再吵，也就沒事了。

第三種處理方式是對有一點修行，但是信心不堅強的弟子，那就要對他們說道理了。要用佛法來疏導、安定他們：「他的錯誤是有道理的，這是因為他站在他的立場；站在你的立場是對的，你是菩薩，你就吃虧一點。我知道，佛也知道，讓他占一些便宜，是你的慈悲。」

度眾生就是這樣度的，這樣他們才會留下來，才會繼續修行，要不然豈不是斷了他們的善根嗎？如此一來，兩個人都留了下來，也不會再吵架了。

默照，在默的時候，是沒有是非、對錯的。我們已經介紹過「不思善，不思惡」、「絕學無為閒道人，不除妄想不求真」、「不觸事而知，不對緣而照」。

默照不是不知道、不處理，而是不要有煩惱心，否則就跟默照的方法背道而馳。一有煩惱心，就失去了智慧與慈悲。所以，要以慈悲心來對待人，以智慧心來處理事。否則，不以智慧來處理，本來自己是沒有煩惱的，他人的煩惱就變成了自己的煩惱。

三、法住法位，世間相常住

「法住法位，世間相常住」這是《法華經》裡的兩句話，法，就是一切的現象。每一種現象，都有它自己的位置、狀況、立場。世間任何事件，彼此之間雖有關係，看起來好像有點類似，然而沒有真正相同的東西，這就是「法住法位」。對任何緣，以自己的立場及想法取它的相，那就是「對緣」。不以自我的觀點來接受它，但是很清楚它發生了什麼狀況，這就是「法住法位，世間相常住」。

「法住法位，世間相常住」就是說世間所有的一切，每一法、每一種現象各有其共同性，一定也有差別性。同一個媽媽生的孩子，生十個，十個孩子都不一樣，即使是雙胞胎，看起來雖然長得很像，性格也差不多，其他人認不出來這兩個孩子的差異之處，他們的母親卻一眼就能分辨出來，這是因為即使相似，仍會有不同之處。我曾遇到兩位先生是雙胞胎，他們都結了婚，在我看來他們是一樣的，可是他們的太太，就清楚地知道誰是哥哥，誰是弟弟。我問她們是否會弄錯呢？她們說：「剛結婚時是有點迷糊，不知道誰是誰？可是，他們是不一樣的。現在不要說是眼睛看，用耳朵聽就可以知道了。」

「法住法位」是每一種現象都有它的位置和狀況。有了這種認知，就是「不觸事而知」。不要去否定他人的立場，應該體認各人有各人的立場，這樣就不會有這麼多的煩惱。否則，太太想征服先生，先生想征服太太；師兄要征服師弟，師弟要同化師兄，就產生痛苦了。

今天有位菩薩告訴我，他在沒有聽到「不除妄想不求真」之前，很煩惱，方法用不上力，聽了之後，一下子就變得很輕鬆。諸位是不是也是這樣呢？問題在於要相信我的開示，並且揣摩著運用；這些方法不是我所發明，而是祖師們所說的，這些就是佛法。如果在依教奉行的同時，卻存有懷疑的態度，那麼，這些話對你而言就毫無用處，都成了一堆廢話。

不要覺得妄念、昏沉，是很麻煩、很倒楣的事，有了昏沉，要提起信心，打起精神用方法；打妄想時，趕快回到方法。此外，睡覺、雜念也不是罪惡，知道有妄想、有昏沉，表示有警覺心。因為還是凡夫身，才開始修行，有這些狀況是正常的，這也是「法住法位」。

「法住法位」是面對任何狀況發生時，不需要後悔，也不必期待有好狀況會發生。不擔心，不期待；一害怕、一期待，也許好的狀況就消失，而本來不會發生的壞狀況，也可能會發生。有什麼因就得什麼果，但是，請大家不要轉變成懶人的想法：「反正就是這樣囉！打瞌睡，就打瞌睡，打妄想，誰沒有妄想啊！這就叫作『法住法位』。」錯的！這又是另一層妄想了。事實上，修行是非常簡單的，只知道用方法，其他的事不管它。

〈第五天：早上〉

開悟與默照禪法

一、何謂開悟？

佛法的修行，如果沒有觀念、方法來指導，修行雖然有用，但不能真正開悟。

開悟是個很模糊的名詞，在東方、西方都有不同的解釋。在中國，開悟是說以往不知道的、想不通的，突然間茅塞頓開，知道了、想通了。有人是從書本上發現一些從來沒有聽過、見過的道理，自己的見解忽然間寬大了許多；有人是遇到一些特殊經驗，從病中或夢中以及平常生活裡，所得的一種神祕力量；有的是拜佛、打坐、誦經而得到的神祕經驗；有的是偶爾得到靈感、感應，更深一點的則是神通。遇到這些經驗之後，很多人會認為這是開悟，其實，這些經驗都是似是而非。

真正佛法所說的開悟，不是神祕經驗，不是神通，也不是從書本上看到一、兩句話，就解決了問題，更不是聽到上帝、神、鬼對你說了一些話，因此得到些靈感、感應；這些都不是真正的開悟。但是，開悟的人是有可能得到一些神祕經驗，因此，就很容易使人混淆、模糊了。

我在兒童時代是笨笨的，少年出家之後還是很笨，因為出家做和尚，早晚誦經是不准帶著課誦本的，所以一當小沙彌，開始就要學著背課誦。師父要我背早晚課誦，我是怎麼背也背不出來，特別是那些咒語，我的師父就跟我說：「小和尚，你真笨啊！你要每天多拜佛，求觀世音菩薩給你智慧！」我聽他的話拜了三個多月之後，突然間變得聰明，課誦都能記得了。諸位認為這算不算開悟呢？這不是開悟，是感應，是觀世音菩薩慈悲，給我的加持。在釋迦牟尼佛的時代，有一些阿羅漢不會說法，連個偈子也說不上來，於是他就顯神通，表演給大眾看，主要顯的是神足通，例如：人突然間不見了，一下子又從地上或空中出現，或者身上出火、出水等。凡夫看到了神通，磕頭如搗蒜，相較於宣說佛法，更容易讓人崇拜。

開悟的「悟」，佛經裡稱它為無漏的智慧現前，在梵文稱為般若，無漏智慧和有漏智慧是相對的。世間所有的知識、學問、技巧、聰明，都是有漏的智慧；而無漏的智慧，不是經驗，不是知識，而是無我的態度，也就是沒有自我中心和自我執著的態度，這就是開悟，就是般若。

開悟，是智慧現前、悟境現前。用方法時，將自己一層層地脫落，漸漸淡化自我中心的執著，這是漸悟。如果一下子就能放下，使自我的執著完全消失，對人、對世間以及自己的人生觀的看法完全改變，這是頓悟。

但是，要分辨清楚的是，有些人突然靈感一來，對世間、對環境、對自己的價值觀也會有所改變，然而價值觀的改變並不等於開悟，因為「我」還在。如果一切都有，只有自我中心沒有了，這才是真正的開悟，才是無漏的智慧。

有些人很天真地認為開悟之後，就是要什麼有什麼，過去得不到的現在可以得到，過去不知道的現在完全知道。如果開悟之後，希望得到更多，自我中心愈來愈大，負擔也愈來愈重，這是愚癡，不是真的開悟。追求這種開悟，實際上是在追求自我中心的膨脹。

開悟是從煩惱形成的痛苦、負擔之中得到解脫，所以必須釜底抽薪，不讓自我有更多的貪求與執著。佛法告訴我們要用戒、定、慧來息滅貪、瞋、癡；貪、瞋、癡就是自我，自我所製造的煩惱、痛苦，都是圍繞著貪、瞋、癡而形成。因此，要持戒、修定來開發智慧，才能夠開悟。

開悟，並不等於聰明，也不等於學問、知識，而是從煩惱得解脫。煩惱是自我中心的執著心，解脫之後仍然是有自我，但這個自我，是慈悲與智慧的功能。能夠以慈悲心對待眾生，處理一切事，都是智慧的反應。知識、技巧、學問，還是可以繼續學習、運用，因為這些是用來助人的一種方便工具。

有些人很愚癡，想開悟又害怕開悟，認為開悟之後什麼問題都能迎刃而解。但是又害怕開悟之後，什麼東西又都失去了，像這樣的人是根本開不了悟的。以為開悟之後就會失去所有，這是錯誤的想法；開悟之前，屬於你的東西是很少的；開悟之後，三千大千世界，無量無數一切諸佛世界都是你的，你擁有無限的、無量的一切，與一切的一切都是同體。這是因為沒有畫地為牢，沒有與任何人畫界限，所以對人慷慨，和所有一切生命是結合在一起，所以你的生命是無限無量的，所擁有的也是無法衡量的。

曾有位年輕媽媽來參加禪修，禪修期間工夫用得很好，其實也只是心念能夠集中，妄念較少，她就害怕地跟我說：「師父，我想回去了，因為我愈坐愈好，我可能要開悟了！」我問她說：「開悟，妳還要回去嗎？」她說：「開悟之後，我如果連我的孩子都不要了，這多麼可怕啊！我還是想要我的孩子，我不要開悟了。」我說：「釋迦牟尼佛開悟之後，雖然出了家，但是，他讓他的太太和孩子也都出家，並且很照顧他們，同時，也回家探望父親。父親過世，他趕回家抬著父親的棺木送葬；他的母親早已去世到了天上，他特別到天上去為母親說法。佛開悟出家，並沒有六親不認，只是開悟之後自我中心的煩惱沒有了。開悟之前，是以自我中心的立場來對待；開悟之後，則是以眾生的立場來對待。因此，開悟的人，是用慈悲、智慧來照顧所有的人。這也就是『法住法位』；知道一切眾生各有所需，各有各的立場，必須適應眾生，因為所有的眾生跟自己都有關係。並不是開悟之後，見到什麼人都不認了，兒子也不要了，那是愚癡，那不是開悟。」

二、「無我」的觀念最重要

用默照或打坐的方法是不能開悟的，只是幫助減少妄念，以此達成開悟的目的。如果觀念不正確，沒有用無我的觀念來指導，最多只能入定。就像前面說過的，動物多半沒有記憶、不會思考，牠們生活在現在、現在，所以靈敏度很高、很強。而人類的思想太複雜，經常思前想後，反而忽略當前的狀況，變得遲鈍。如果用方法經常讓心停留在現在，保持著知道現在，這可以增加敏銳度，但這不是開悟。諸位可能會想：「那我們在這裡修行做什麼呢？又不能開悟！」用方法，只是一個過程、一種工具，目的是為了達成某些功能。

想要開悟，一定要用觀念來引導，用方法時，隨時要將執著放下。譬如說：「我在打坐，我知道在打坐，我的身體在打坐。」這裡面是有「我」的，這是為了要將心念集中。漸漸地，身體的感覺不存在了，但是「我」還是在的。再進一步，此時打坐的「我」，不只有身體，對於聽到或看到環境裡的聲音及景象，都是「我」；雖然環境裡有聲音、有景象在動，但是對你而言，動也好、靜也好，都是整體的；你和所聽、所見的已經結合在一起，你已經達成身心統一，環境統一，這是統一的「我」。再進一步，是「身體在打坐」，「我」沒有事，而身體的痛、環境的動，我知道，但是跟我沒有關係；身體、心理都沒有負擔，任何狀況的出現都是修行的狀況，不是「我」。甚至不必去考慮「我」的問題，只是清清楚楚地知道：「這不是我！這不是我！」能夠這樣不斷地練習，自我中心便會愈來愈淡。

許多人對雜念與昏沉耿耿於懷，擔心一打坐，不是雜念、妄想，就是昏沉、做白日夢，浪費時間。但是怕妄念，怕打瞌睡，愈怕，心裡愈討厭，所以就愈要和它對抗，對抗一陣子，累了就打瞌睡，睡醒有精神了，妄念又來了，又再和它對抗，於是不斷循環地在打瞌睡、打妄想，打來打去，愈打愈痛苦；原因是你太在乎妄想、瞌睡。如果不在乎它，說：「打妄想、打瞌睡的不是我，現在用方法的也不是我，方法是否用得上，跟我沒有關係，能用方法最好，打瞌睡不可能一直打下去，總有醒的時候，那就趕快用方法。」不要討厭、對抗，心就會安靜下來，雜念妄想會減少，瞌睡的機會當然也會少。心安定有好狀況時，不要沾沾自喜地說：「我終於也坐了一炷好香，下一次希望坐得更好一些。」一喜歡，心就動，就是妄想，就已經被煩惱所捆。

〈第五天：晚上〉

集中心、統一心、無心

一、放捨諸相，休息萬事

「放捨諸相，休息萬事」是長蘆宗賾禪師〈坐禪儀〉裡的兩句話，就是無心、無我、解脫，也可做為修行默照方法的基本原則。

剛開始用方法時，一定是有我相、有法相。我相，就是我；法相，是佛法的觀念和方法。我相與法相是相對的，有我來用佛法修行，所以剛開始一定是有相、有事，沒有事就沒有著力點。事，是佛事，佛事就叫作修道，沒有事就無法得力。譬如度眾生，一定有事；求智慧，要用方法，修行的方法就是事。開始修行時，凡是和現在的方法沒有關係的所有相，都要放開不管它，只有現在正在用的方法。因此，要放捨所有的相，用現在修行的法相，一門深入，其他的東西都不要管它。

開始修行一定有事的，譬如現在在努力用默照方法，除了默照之外，其他的相都不管它，將心集中在現在的方法上，捨一切萬緣，只提起自己的方法。我經常講：「不管妄念，提起方法。」我們的妄念實在太多太多了，但是方法只有一樣，隨時提起方法，練習著心能夠集中，然後練到統一心。

小參時有人告訴我，他認為天台的止觀似乎是有次第，默照的禪法是否也有次第？我回答他：「禪法本身無次第，修行的過程則是有次第的。」禪法的本身是無相、無我的，既然是無相、無我，怎麼還會有次第？但是修行是有方法的，既然有方法，就必定有次第。運用方法的時候，會發現從散亂心變成集中心，從集中心變成統一心。一般人常誤將統一心當成開悟，但就禪法而言，統一只是進入無心的前一個層次，無心是超越集中心和統一心的。到了無心層次，才是悟境，才是無漏的智慧現前，這個次第是非常的清楚。

二、統一心的三種境界

諸位已經來了四天整，應該隨時隨地都在用方法，否則就是懶惰或者放逸。用方法時，雖然有雜念、有妄想、有瞌睡，但是朝著提起方法的方向去努力，將散亂、昏沉的心，變成集中心，這就是修行的次第。有了基礎修行的經驗，雜念自然愈來愈少，會感覺到身與心是結合在一起。本來是「我在打坐、我在打坐」，突然間會發現，打坐和我、身體和我，是同一個東西，「我」的這個念頭已經不存在，這時就是統一心的出現。到了這個程度，可能對環境的聲音與狀況還是知道的，如果完全聽不到，那就是進入「未到地定」，尚未進入深層的定。但是以默照禪而言，不應該進入到未到定，而應該清楚知道身體在打坐以及環境裡的狀況，只是沒有特別去注意這些狀況。

當自己的身體與自我分不開時，其實「我」已經跟環境融合在一起了，這是自己與環境的內外統一。統一時，不再把環境裡的狀況當成對象，雖然也聽得到或看得到，但不是以對立的態度來聽、來看，環境裡的任何東西都是與自己合而為一。但是請諸位不要想刻意變成內外統一，「刻意」是妄念，無法產生統一。內外統一是從身心統一自然而然進入的，如果刻意想要跨一步，結果反而會變成退步，這就離開統一心了。

要把握默照的基本原則，不要只有默而沒有照，只有止而沒有觀，這樣很可能進入未到地定，只有身心統一，卻失去了對外境觀照的功能，這就不是默照。默照的方法是清清楚楚有身體、有環境，知道身體在打坐；漸漸地，身體在打坐的念頭也沒有了，雖然曉得是在打坐，但此時身體與心沒有負擔，環境裡的聲音還聽得到，但是自己已和環境結合為一體，這便是內外統一。進入統一心之後，不覺得還有煩惱與自我，好像已經處在無限的時間與空間裡，自由自在。出現這種感覺與經驗，很容易會被誤認為開悟。

統一心的階段會有三類經驗：

1. 光音無限。有光，有音，不一定是同時，而是在無限中。

2. 澄澄湛湛。不一定有光有音，但是心是透明、透徹的，就像透明的水晶，不會動，但是很清澈，此時會覺得是悟境出現。

3.一片悟境。好像什麼都知道，沒有一樣東西不是自己的，天地萬物皆從自性中出，再回到自性中去。

以上三種境界，都是統一心的狀況出現。有了統一心之後，可能出現聰明境與神通境的能力，聰明是靈感，神通則是可能會有他心通、天眼通、宿命通等，可以看到、聽到平常不容易知道的東西。譬如知道他人在想些什麼，甚至能夠看見過去以及未來。統一心出現這種經驗，原則上是個好現象，能讓人產生信心，認為修行是很有用的。但是，這些現象和悟境不相關。如果有人有統一心出現，我會恭喜他，然而還要更進一步，將它捨掉。不要認為自己已經得到很多寶，這些東西都是「我」，這會驕傲、會自負，會認為自己已經了不得了。

在我的出家、在家弟子之中，有幾位就是這樣，他們認為自己已經開悟，而我又不承認，他們就自立門戶自成一派，自稱為老師。因為有這麼好的經驗出現，怎麼捨得丟呢？他們都會認為：「如果這不算開悟，什麼才算是開悟？」我的回答則是：「有執著、有開悟，那就不是悟，根本沒有開悟這樣的事！」結果他們就會說：「師父，你一定沒有開悟，所以不知道什麼叫作開悟！」

三、放捨一切，便是悟境現前

請諸位不僅要將所有的相捨掉，連所有的經驗都要捨。不論是有的經驗、空的經驗、統一的經驗，通通不是開悟。諸位一定會問：「連開悟的經驗都不是開悟，那什麼才是開悟？」開悟，不是知識，不是經驗，而是無我的態度。這在默照禪法的過程之中是非常地清楚，不斷地捨、不斷地捨，有什麼就捨什麼。但是在心尚未統一之前，雜念、妄想隨時都要捨，但是方法不能捨，有了統一心之後，必定得捨。捨，就是告訴自己：「這個不是我要的，這不是我的目的。」有這樣的心理準備，在進入統一心之後，很容易真正進入佛心；如果無此認知，進入統一心就出不來，認為統一心就是開悟，事實上，那個「悟」是英國倫敦的「霧」啊！

釋迦牟尼佛在成佛之前，訪問過許多大修行人，學到很多方法，他也修得很深刻、很深入。但是，總覺得這些都只是經驗，而不是最究竟的，不是真正得解脫，因為還有個「我」在其中。於是釋迦牟尼佛放棄了所有從各種大修行人那裡學到的東西，重新來過，就是放下，等到真正放下一切時，便是悟境現前。

修行的過程中，的確是會產生一些身心經驗，沒有經驗是很奇怪的。我也有經驗，也有知識，否則如何將佛法透過文字及語言來告訴大家，但這只是一種弘揚佛法的工具。經驗，能夠肯定修行是有其效果，如果要得到究竟的利益，一定要「放捨諸相，休息萬事」。

〈第六天：早上〉

凡所有相，皆是虛妄

一、心中無事，不受干擾

默，是不要將一切現象，當成與你有關係，所以任何現象不會干擾到你，這就是「放捨諸相」。「休息萬事」與「絕學『無為』閒道人」中的無為一樣；在日常生活中的待人接物，行住坐臥，都還是有的，但不是什麼事都不必做了，而是心中沒有什麼事可以讓自己牽掛的，所以默照，是承認一切都有，如果忽略現象的有，那就沒有照了。

所以說禪法是心法，主要的意思是心中不會受到任何事情干擾。一般人總是思前想後，不斷回憶著過去，總覺得許多機會沒有好好把握，或念著曾經做過的事、發過的財、出過的鋒頭；這一生不是在悔恨，就是在陶醉之中度過。要不然就是憂慮擔心著未來會發生什麼狀況，或者事情未到，就提前高興著美夢成真。夢，在想像之中總是太過美好了，很多人都是生活在夢裡，對未來想像得太天真。譬如許多人在結婚之前，都會把婚姻想像得美滿快樂；而我小時候上山出家之前，就把山上想像成仙境一樣；然而，這種對於未來的憧憬，多半是有問題的。

當我閉關修行六年出關之時，高雄鄉下的一個小鎮，有個蓮社要請我去演講，一路上有位居士陪著我。那是個滿熱鬧的小鎮，街上許多人看到來了這麼一位不認識的和尚，都會多看兩眼，這位居士於是高興地對我說：「法師，一定是老早宣傳過，說有位出關的法師要來弘法。你是剛剛修行出山的人，一定有很多人晚上準備聽你演講。」我還信以為真。可是到晚上我要演講時，只來了三、四十位聽眾，這個夢很快就破滅了。從那一次以後，我就了解到，凡是事情尚未發生之前，不要想像得那麼地美好、那麼地順利。

二十多年前我在臺灣主持禪七，那個道場很小，只能容納二、三十位禪眾。

有一次禪七結束後，大家報告心得，有好幾位禪眾一邊感恩一邊哭著說，師父是他們一生之中最重要的恩人，從此要生生世世跟著師父修行，發願生生世世不退轉。我心想：「有可能嗎？現在是聲淚俱下的感恩，沒有多久就會將我忘了，當我死的時候最多說一聲：『喔，這個老和尚死啦！』」您們不信嗎？真的是這樣！當年那些年輕人目前還留下來跟著我修行的，已經很少了。不過發好願還是應該要發，即使是不能持久。

二、止於一念不是無心

但是，一些空洞的夢想，對心理是負擔，對時間則是浪費。所以要「放捨諸相，休息萬事」，讓我們在用方法時只有「當下，當下……」，有了任何經驗就是「放下，放下……」，同時不斷地繼續用方法。如果經驗到統一心時，知道是統一心，因為正處在統一心的狀態中無法放下，等境界過了之後，要告訴自己：「這個境界不是我要的！」有統一心的經驗很好，但是不要去追求統一心，因為愈追求愈得不到，而且統一心不一定有用，最多只能入定。

因此，不論是默照禪或話頭禪，並不鼓勵注意或進入統一心。中國禪宗參話頭時，隨時隨地都有話頭，話頭就像一把鎖匙，只是個工具。有話頭可用，絕對不會發生內外統一或絕對統一的狀況。絕對統一已經是念念的統一——前念、後念，念念止於一念，是念的統一，這就是進入深定；身心統一及內外統一還沒有到達念念統一的程度。我們不希望進入念念統一的定境，但也不要把統一心當成壞事，可是絕對不要把統一心當成追求的目的。

念念統一是定，能夠有入定的經驗是不壞的，當念念止於一念時，沒有前後交替念頭的過程，時間的感覺就不存在，坐一天和坐一秒鐘是相同，這是真的進入了定境。能夠有此境界固然很好，但這只是統一心，是一種修行的經驗，不是無心，並未得解脫，也不是智慧。

修行的過程中有三種心理狀態：

1. 散心。剛開始時的心是散亂的、雜亂的，從散亂心用方法，這個方法使得心能夠傾向集中。

2.集中心。在修行過程中，必定先經過散亂心的掙扎，然後變成集中。

3.統一心。從集中心漸漸妄念愈來愈少，到完全沒有妄念、雜念，只有方法，此時就出現統一心。統一心有三個層次或現象，那就是身心統一、內外統一、前念與後念統一。但是，我們所期待的是無心，並不是這三個統一心，這都是過程。無心，不是追求可得，一追求就是妄想心，而是要放下、放下……，「放捨諸相，休息萬事」。

三、凡所有相，皆是虛妄

「凡所有相，皆是虛妄」這兩句話是《金剛經》所說，也可以說是佛法的根本原則。意思是：凡是所有一切的相，都要將它當成是虛妄的，只要不去執著它，就會產生智慧。

《六祖壇經》講的無相，是說一切相都是虛妄相，不是真實相。現象雖然有，但那只是幻境、幻相，是因緣有而自性空，只因為因緣的湊合而有了現象；

如果另外的因緣產生，現在的現象就會改變，形成另一種現象，所以稱它為虛妄相。既然清楚地知道不是真實相，就不會被其困擾，而產生痛苦的煩惱心，此時智慧就出現了。「法住法位」是指當下現在的這一刻，每一法都有其特性與狀況，如果有新的因緣參與進去，原有的狀況就會改變；就好像化學變化，只要一個成分不同，所產生出來的便是完全不一樣的結果。

記得我小時候在上海時，有位居士是個很虔誠的佛教徒，也會講經說法，有一次他家裡失火，房子被燒掉。房子被燒之後，全家人都很懊惱、痛苦，另外一位聽過他講經的居士安慰他說：「『凡所有相，皆是虛妄』，房子本來就是虛妄的，燒掉就燒掉了吧，不必太難過了。」房子被燒的居士說：「對，房子是虛妄的，我這個人也是虛妄的，但是虛妄的我，還是需要有虛妄的房子來住啊！」於是大家幫忙捐助了一些錢，讓他們暫時有地方可住。後來有一次他發表學佛心得說：「看到別人有事是『凡所有相，皆是虛妄』。一旦事臨到自己，所有相都是真實的，房子燒掉是真的，馬上就是一個現實，不知道要住在哪裡。」當時我的師父就說：「『凡所有相，皆是虛妄』，這是《金剛經》裡釋迦牟尼佛所說的。

從佛的立場來看，所有的人與自己都是虛妄的；可是從眾生的立場來看，看到別人是虛妄，但卻不承認自己也是虛妄的。不過，我們要學佛，雖然自己發生問題是真實的，但是要將它當成虛妄的來觀想，能夠如此，痛苦與煩惱就會減少。必須要有勇氣面對所發生的問題，因為你還要繼續活下去。」

修行，就是要練習著用佛的角度來體驗生活，因為我們還沒有開悟，沒有智慧，沒有辦法像佛一樣。特別是在家居士們，有家、有孩子，也有很多的責任，房子被燒是個非常現實的大問題。而我們出家人大概好些，這個廟燒了就到另一個廟去，不過在西方社會也不是這麼簡單，其他的廟並不一定會隨便接受。所以只有學佛，練習著了解自己，化解心中的苦惱及牽掛，能夠「放捨諸相，休息萬事」，漸漸就能體會到「凡所有相，皆是虛妄」。但還是要很細心的照顧、運用這些虛妄相，自利利人是要從有相開始，體驗無相、體會無相，然後才能實證無相。

我們修行用方法是在鍊心，不是在練環境；「凡所有相，皆是虛妄」並不是說一切相都不存在，而是說一切相都有，但是當實證無相的時候，心不會受其影響而波動。之所以發生影響和波動，是因為考慮到自身的利益，覺得那些人、事、物、環境狀況種種對自己太重要了，和自己的利害、得失有關，所以認為是真實相。修行時，首先一定要肯定自己、承認自己本身是虛妄的，進而體會到自己的身體與心也都是虛妄的，然後才不會受到外在環境的影響，否則只是閉著眼睛說：「虛妄的！外面的環境統統都是虛妄的！」結果別人給你一個耳光，所有的一切就變成真實；這並不是外面的狀況有什麼不同，而是自己內心的轉變。所以，體驗、承認堅固的自我執著是虛妄的，如此，也能進一步體驗到一切的環境都是虛妄的。

我有一位弟子，打坐很精進，對《般若經》、《楞嚴經》的內容也很熟悉。有一次他在夜間打坐，有個鬼來找他，他跟鬼說：「你不要找我，你找師父去。」第二天他還問我：「師父，昨天有沒有鬼來找你？」他很清楚「凡所有相，皆是虛妄」的道理，既然是虛妄相，真有鬼出現時就不管它，還去找師父做什麼呢？過了兩天，夜裡我去看他，他正在打坐，經過他面前時，他馬上打了個手印，然後睜眼一看：「喔！師父是你！」這真是有趣了，鬼在面前，叫它去找師父；師父在面前，還把師父當成是鬼。

一定要肯定自己的我執以及身體是虛妄相，所見所思是幻想幻覺，才能夠在面對外境時真正把它當虛妄來看。否則只是觀念上的理解，當自己遇上境界時就不虛妄了。

因此，「凡所有相，皆是虛妄」這個觀念上的認知一定要有，然而僅僅有認知是不夠的，如果不練習著體驗「放捨諸相，休息萬事」，就好像別人家的房子燒了卻跟他說：「房子燒掉就燒掉，不要執著，那是虛妄的。」但是當自己的房子被燒，就痛苦不堪。如果能體驗到自己的身心是虛妄相，所以自我就是虛妄相，房子被燒是因緣法，接受事實，再做善後的處理，這就是智慧而不是煩惱。

〈第六天：晚上〉

慚愧、懺悔法門／無相、無我

一、以慚愧、懺悔禮拜來安心

今天已經是第六天，如果方法用不上，心覺得很累，那是對方法失去興趣，此時心會浮動，會覺得很煩躁，沒有辦法繼續在蒲團上用方法。這時候，體驗呼吸，呼吸很粗；體驗身體在打坐，身體上的每個部分都像在告訴你不想打坐，好像蒲團上都是刺，連身上的每個毛孔，都在跟你抗議著不要打坐。有這樣的現象，就起坐，利用禪堂的空間，用很慢的動作體驗拜佛的感覺，一邊拜一邊要說：「我慚愧，我懺悔，我的業力現前，善根被業力干擾；我慚愧，我懺悔，由於我的菩提心不夠，慈悲心不夠，所以沒有智慧；我慚愧，我懺悔！」一邊體驗拜的感覺，一邊要以沉痛的心情說：「我慚愧、我懺悔。」這樣拜一段時間之後，心情會安定下來，身體不那麼煩躁時，又可以繼續打坐用方法了。

當大煩惱出現的時候，最好的方法就是用慚愧心及懺悔心來拜佛。當我遇到我們團體中有重大事情發生必須要解決，否則會很麻煩時，這時候打坐求靈感是沒有用的，我都是用拜佛的方法，對著佛菩薩懺悔，心情漸漸會平衡，頭腦也會清楚。拜佛會有感應，這是由於外在佛菩薩的力量，以及護法神的協助；護法神是跟著修行人的心境而走的，心安定，他就會來保護我們。我有少數弟子，在大煩惱來時，都不願意拜佛懺悔；其中有一位非常優秀聰明的年輕弟子，因為產生大煩惱，根本沒辦法打坐，我勸他拜佛，他說他才不拜呢！因為已經拜了很多年。一個修行人，不打坐，不拜佛，不知道慚愧、懺悔，煩惱來了就是一敗塗地，這是很可憐的。所以我奉勸諸位，有大煩惱時，要以慚愧心、懺悔心來拜佛，才能夠挽救你不被大煩惱捲走，否則即使修行很多年，也難保不會被境界所轉，這是很可惜的事。

不要以為「凡所有相，皆是虛妄」，所以認為拜佛、打坐也都是虛妄的，這是顛倒！打坐、拜佛是為了幫助我們從自己的內心體驗「凡所有相，皆是虛妄」，如果體驗不到，就要拜佛、慚愧、懺悔。

二、用心法鍊心

「若以色見我，以音聲求我，是人行邪道，不能見如來。」這是《金剛經》裡的一個偈子。意思是說，把色當成我，把聲音當成我，這個人行的就是邪道，是不能見到如來的。偈中的「我」是指佛，也可說是空性。以這樣的標準來看，所有在修行的佛教徒，大概百分之九十以上行的都是邪道。因為多半的修行人，都將佛像當成佛來拜，這是讓眼睛看到的色、一個形相；而持誦阿彌陀佛、釋迦牟尼佛、觀世音菩薩等佛菩薩聖號，用的是語言聲音，將這些聲音當成是佛來持誦。

有一個滿有意思的故事，那是在很久以前在臺灣，我們有十多位出家人，每天都持誦《金剛經》。其中有人得到一個消息說，從印度來了位有成就而且神通廣大的大喇嘛，準備當晚進行火供。大家都不相信而想去看看，說這是邪道嗎？儀式一開始，就有種震攝人心的氣氛，感覺很不尋常，當晚並沒有風，但是當儀式進行到一半，附近所有的樹木都在搖動，很多鳥在樹林裡面飛來飛去。因為全場的人都在拜，我們這十幾個出家人也跟著一起拜，去的時候是絕對不相信，到了會場又不由自主地跟著一起拜。在回程的路上，大家都在討論著說：「『若以色見我，以音聲求我，是人行邪道，不能見如來。』今天大家不是都信了邪道嗎？」

大喇嘛在火供時，大家都拜而我們不拜，不是很奇怪嗎？明明知道《金剛經》裡說的「凡所有相，皆是虛妄」，還是執著有相，要不受相的影響是很不容易。不過，這樣的相還是有用，尤其是對初學佛以及沒有學佛的人而言。據我所知，許多人起初是抱著一種好奇與不信邪的心態去觀賞，直至親眼所見，不得不相信，馬上接受灌頂，類似的情況還滿多的。不過，這不是究竟的佛法，而是方便法。

禪宗一開始就用心法鍊心，而不是用「術」來接引人。這種「術」，除了密宗之外，中國的道家以及印度其他的宗教都會使用，其力量來自於畫符或咒語，有些是運用神、鬼以及精神體，一方面供養他們，一方面請他們扮演一些角色，產生一些功能，但這和根本的佛法是無關的。

三、不動是默，清楚是照

初學佛者用默照方法時，心不可能隨時隨地都在默、都在照，大多時候，心都是混亂的，有時候會有恐懼心出現。就像我的弟子在打坐時說有鬼去找他，等師父去了，他把師父也當成是鬼。實際上他在打坐，就不應該有那麼多的恐懼心，但是他心裡的「自我」還在，沒有說：「我在默，我在默。照，是很清楚；默，是不動。」他並沒有到達這樣的程度。雖然在打坐，可是心沒有真正清楚地在照，也沒有安定地在默，當然會受到影響。

今天小參時有人告訴我聽到禪堂裡打香板的聲音就害怕，擔心著有人又要打香板，我告訴她說：「妳不要怕，要隨時準備著有香板聲，聽到之後，妳說這是香板，沒有事，不管它。」這就是照與默的工夫。

已經向諸位介紹過默照的修行方法、層次、次第，以及在修行過程中可能產生的種種現象，以及如何分辨是假的悟境，還是真的開悟。過去幾天所講的，都是以有相修行無相，以有我修行無我。剛開始修行時一定是有相、有我，然後用方法及觀念幫助我們，逐漸認知何謂無相及無我。

四、歷歷妙存，靈靈獨照

「歷歷妙存，靈靈獨照」這是宏智正覺禪師在悟後，以無相、無我的立場來講默照。無相和無我常常被誤認為：無相是什麼都沒有，無我是什麼都不要；這是不正確的觀念。無相，是見到現實環境中所有一切的相，知道它是虛妄、無真實相，無不變的永恆相。至於無我，有人認為如果無我是什麼都不要，那是不是就不需要穿衣、吃飯？以我聖嚴來說，也不必有徒弟、道場，既然無我，還要這些做什麼？這種想法是誤解了無我的意思。無我的意思，是指沒有執著、煩惱、痛苦的我，有的是慈悲與智慧的我；智慧的運用是為眾生之利益，而心有所思、有所動，這是智慧的反應。釋迦牟尼佛在經典裡也常說：「我，如來……。」這個我，是智慧的我，是慈悲的我，不是煩惱痛苦的我。

「歷歷妙存」的歷歷，是經歷的意思，其實就是照的功能，清清楚楚自己親身的體驗。第一個「歷」是自己的經驗，第二個「歷」是清楚地知道這個經驗是什麼，這就是照；「妙存」則是默。就好像家裡有一個保險箱，裡面放了許多金銀財寶，除了自己以外，其他任何人都不曉得裡面是什麼，可是它有很大的價值及功能。實際上這個保險箱內的寶，指的就是智慧與慈悲的功能是無限的，不動它時，等於沒有。清楚知道自己有這個寶，是照；暫時不動，是默；知道而且清楚它的功能，則是默照同時。

練習照和默的方法，是有前後次第的；一定是先用照，才能達成默的效果。譬如說，知道有妄想雜念，趕快回到方法；知道妄想雜念，是照；趕快回到方法，使妄想雜念停止，是默；知道我在用方法，所以妄想雜念不起，則是默和照。

宏智正覺禪師在語錄中所講的，是開悟以後的境界，工夫已經成熟，是默照同時。表面看來是不動，什麼事情也沒做，是默；然而事實上頭腦是清楚地在照，但是自我執著的煩惱心、情緒心不動，所以是在照也是在默，是默照同時。如果默是默，照是照，先照後默，或先默後照，都表示工夫尚未成熟。

「靈靈獨照」的靈靈，意思是非常活潑、靈巧，隨時都能適應，恰到好處地反應。經常保持著靈活、靈敏、敏銳，看起來是照，其實是默，因為並沒有動。就好像前兩天我提到在湖邊看到的那隻鳥，因為不動，所以靈敏度非常地高。這裡的「靈靈」與「獨照」的照，實際上是不動的，所以照的功能很強，這也是默照同時。

「歷歷妙存，靈靈獨照」這兩句話，就像以一面品質極好的鏡子，鏡面是不動的，可是當人、物、景在鏡前時，鏡子裡出現的必定是如實地反映，有什麼就反映什麼。反映是照，然而鏡子本身不需要動，就有反映的功能，是默。如果真正將工夫用好，禪宗形容就能夠「漢來漢現，胡來胡現」，這是說，漢人在鏡前經過時，出現是漢人；胡人在鏡前經過時，則是胡人，鏡子裡一定如實地反映，絕對不會漢人經過，鏡子裡反映出胡人，或者西方人經過，看起來像個東方人；能夠「漢來漢現，胡來胡現」，這便是默照同時。

〈第七天：早上〉

禪修應具備的基本佛教知識

一、佛法的基本原則——「三法印」

佛法和佛教不同之處在於，佛法是釋迦牟尼佛說的言教，而佛教則是團體。佛所說的原則以及根本教義是不變的，可是佛教會因環境背景的不同，以及每個人根性的差異，而形成不一樣的佛教。佛法基本不變的原則為「三法印」，是相同的，從釋迦牟尼佛開始到現在，還沒有人能推翻。

三法印是：諸行無常、諸法無我、涅槃寂靜。

1. 諸行無常：從佛的角度來看，諸行是無常的。「行」主要指的是心理現象，心理現象不是永恆不變的，而是無常的，只是一點一點地在生滅而已。

2.諸法無我：諸法是包括所有一切的法，五蘊裡只有心法及色法，但色、心二法包含了無限的法，也就是精神的與物質的。一切精神和物質的現象，全部都是無我，實際上就是空。

3.涅槃寂靜：能夠實證「諸行無常」、「諸法無我」，就能從煩惱的生滅而得寂滅，生滅滅已，是為寂滅。一般「生滅」的解釋，是不再生、不再死，而佛陀的根本意思是實證空性，煩惱不再生滅，沒有煩惱生，沒有煩惱滅，是為涅槃。譬如釋迦牟尼佛在菩提樹下成道，雖然色身還在，但因為煩惱已不再生滅，所以那個地方就稱為寂滅道場。

三法印就像是鼎的三隻腳，缺一不可。因為無常所以無我，任何現象都是在變幻不已中，尤其是身體的物質現象及生理現象。以心理現象為例，剛才跟現在的想法不一樣，昨天跟今天的想法又不同，諸位來參加十天禪修，你們的想法是會有些改變。又譬如兩個人要結婚時，總是海誓山盟，認為海可以枯、石可以爛，愛情則永遠不變；沒想到結婚一段時間之後，兩人的想法不一樣了，不是想征服對方，就是要控制對方，結果變成怨偶、怨家。同樣的人為什麼婚前與婚後的想法會截然不同？

「我」，只是一個觀念，這個觀念經常是在變的，既然沒有固定的我，便是無我。諸行無常是個現象，諸法無我是個事實，從現象了解事實後，就是實證空性，既然體會到自性是空，就得解脫，就是涅槃。

但如果只是知識上或邏輯上的認同，沒有經過實證，這只是個觀念，不是結果。不過，觀念還是有一點用，但是只能在他人痛苦時幫著勸說：「諸行無常，諸法無我，不必那麼痛苦，看開一點吧！」等到痛苦降臨在自己身上時，就沒辦法將這個觀念運用上了。所以一定要有方法，以觀念來指導方法的練習、運用，心才能夠愈來愈明澈、安定。安定是默，明澈是照，此時，漸漸就會知道心是無常的，我是不存在的，這就成為自己的實證——實證空性，實證是由體會而得。

二、佛法的變遷

佛教，是運用佛法者所組成的團體。佛教的團體，因為在不同的環境裡生存、運作而會有所差異，由於每個人有自己的善根、性格、興趣，每個地方有其特殊的文化背景，每個時代的風潮、潮流也不相同，所以就會出現各形各式、千變萬化的各種佛教型態。在釋迦牟尼佛時代，佛所說的法，就是佛法，是一味的，三法印是佛法的根本。當時經常有一千二百五十位阿羅漢，是由佛的十大弟子分別帶領，並依據弟子們的根器、性格不同，佛就將其分類。例如喜歡神通的跟著目犍連，修精進頭陀行的跟著摩訶迦葉，記憶好的就跟著阿難陀。

佛法實際上只有一味，就是解脫味，其目的是從苦、從煩惱得解脫，就是涅槃寂靜。苦與煩惱，圍繞著我執而產生，只有慈悲與智慧，才能從我執而得解脫，這就變成自利利人的佛法。可是弟子們各有各的喜好及興趣，因此發展出不同的特色。釋迦牟尼佛涅槃之後，佛法漸漸從印度向四方傳播，後代弟子們逐漸分為保守派及青年派兩個派系。保守派認為只要是佛曾經講過的一切，就不能改變，都要遵守。年輕的一派，則認為只要尊重佛法的原則，如何能得解脫才是最重要的，生活方式應該適應時代以及當時的環境，否則佛法無法推廣。保守派又稱長老派或上座部，青年派又稱大眾部。

事實上，長老的上座部也不斷在分裂。因為長老們的弟子們，他們的意見也會不同，慢慢又分成了一部一部。泰國、斯里蘭卡、緬甸佛教，認為他們屬於根本的上座部，其實並不然，許多型態、制度，都和佛的時代不盡相同了，這包括他們所穿的金黃色袈裟。

最近我到泰國曼谷，那些上座部的出家人，披的全部都是黃色袈裟。有一位比丘跟我說：「比丘的衣服一定要染成黃色。」我說：「真的嗎？戒律裡沒有這樣的根據。你們穿黃色是有道理的，因為南方的氣候較熱，所以我贊成你們穿這種顏色，像我穿的這種深咖啡色，就容易吸熱。」有些中國的比丘因為對漢傳佛教失去信心，看到南傳比丘穿的都是金黃色，所以在很多場合也改穿黃色的僧服。雖然經典有預言，比丘將來到什麼時候，衣服的顏色將會改變。但在佛世的比丘，並沒有穿黃色衣的。

三、佛教的傳播

佛教從印度向南傳，先至斯里蘭卡，然後到現在的緬甸、泰國。由於這些地方沒有他們自己較高的哲學思想、宗教文化，所以佛教的思想、生活，在當地的改變不多，只有保存南傳巴利文三藏的內容。不像北傳大乘佛教，不斷地在增加，有經典、有論典，還有祖師的著作。

佛教從印度向北傳到中國，因為中國本身的文化非常豐富、發達，有儒家、道家，還有其他的思想家。佛教進入中國後，為了使中國文化願意接受佛教，不得不適應中國的環境，所以中國佛教就出現很多的思想家。大乘佛法在中國展開另一個新的局面，這跟印度的大乘佛教不太一樣。

至於同樣是大乘佛教的藏傳佛教，那是在西元六、七世紀時，才從印度傳入西藏，比漢傳佛教晚了大約六、七百年的時間，原則上接受的是印度佛教的晚期。那時候的印度佛教已經衰微，漸漸快要滅亡，而西藏因為地處高原，是個極神祕的地區，本來就有一種很普遍，類似薩滿教的苯教信仰，所以當印度佛教進入西藏，藏人最喜歡的就是神祕的部分，能跟苯教的神祕經驗結合。因此，西藏佛教中，金剛神或神祕神的部分，發展得很好，這和它的特性、地區，以及傳入的時代有關。

在中國文化中，不論是道家的老子、莊子，或儒家的孔子、孟子，他們的文化思想都非常重視人的本位精神，那就是人本主義、人文主義、人道主義，是以人為主。尤其孔夫子「不語怪力亂神」，儒家對於天及鬼神，是存而不論。因此，佛教在西藏保有神祕的部分很多，因為他們特別相信，也願意接受。但在漢人的文化裡，尤其是高級知識分子，對這些神祕經驗是排斥的。所以佛教傳入中國之後，凡是弄神弄鬼，裝模作怪，一定會被批評，因而漸漸發展出最清淨的禪宗。

在釋迦牟尼佛時代，以佛及弟子所表現的紀錄來看，除了三法印的佛法之外，神祕的部分也是有的。可是到中國漢傳佛教，特別是禪宗，便將神祕部分全部過濾，只接受純粹由三法印而延伸的法義，講的是直指人心，明心見性，從內心做起，練自己的心，明自己的心，而得解脫，這又回到三法印的原則。雖然禪宗的歷史上，也有其神祕的部分，但是並不重視它。

我是漢傳佛教，所傳的是禪宗的佛法，稱之為禪法。我所知道的漢傳佛教，是有很大的適應性，能適應時代與環境以及所有的人。此外，它非常理性，不重視神祕的經驗與色彩，這就是漢傳佛教的特色。現在佛教的三個系統是：南傳的上座部、藏傳的西藏、漢傳的禪。各派均有所長，不知道現在或未來的西方，哪一種佛教最容易被西方人接受？

不論你們過去學的是哪一宗、哪一派，未來要去學哪一宗、哪一派，諸位現在是跟著我學，你們還是用漢傳禪宗的方法專心地鍊心。在用默與照的方法時，知道心經常在變，念頭不斷在動，這就是無常。因為經常在變、在動，沒有一個永恆不變真實的我在其中，那就是虛妄的我，能有這個認知，隨時都可以放下所有發生過的事。現在要用的，只有方法。

〈第七天：晚上〉

解脫樂、護法神

一、解脫樂勝於世間樂、定樂

天台宗二祖慧思禪師的著作《諸法無諍三昧法門》，書內講到許多人將身心經驗當成開悟，將進入禪定視為證果，「未證謂證」，沒有真正證得空性，卻說自己是證到了，這種誤解實在是下地獄的地獄種子。許多人認為佛性是可以用眼睛看、用身體接觸、用心感受，這是有問題的。因為既然是空性，怎麼可能看得到、接觸得到、用心體會呢？所謂見性，實際上是自我中心的脫落。

（一）愛的層次，快樂的種類

許多人問我，愛人或者被愛，是安全溫暖的，追求快樂與愛，也是很有意義、很舒服的事。如果來修行禪法，連愛與快樂都沒有，活著還有什麼意義？尤其是西方人，特別重視快樂與愛。

我們先要來了解愛的層次：1.占有的愛：愛是互相的占有，我愛你，你屬於我；你愛我，我屬於你，這是占有或獨取的愛。2.同情的愛：是一般人說的同理心，也就是同情心，這不一定是占有，而是看到他人痛苦，願意協助使得其快樂。3.犧牲的愛：為了愛，可以犧牲自己。世間的愛大概就是這三個層次。占有、獨取的愛當然不好；同理心、同情心的愛是可以的，但不可能對每個人都會產生這種愛；犧牲的愛，則是非常痛苦的事。

快樂的樂也可分為三種：1.刺激的樂，2.發洩的樂，3.放鬆的樂。刺激的快樂，應該以男女的性欲為最刺激，如果不斷地連續刺激，那就變成了苦事。發洩的快樂，是放縱狂歡，例如不停地飲酒作樂。放鬆的快樂，則以禪定的定樂為最穩定、持久，但是出定之後，不繼續打坐修禪定，定力退失也會痛苦懊惱。這三種樂都不是究竟的快樂。

（二）解脫之樂最快樂

所有的快樂，都沒有比從自我的執著、煩惱而得解脫更快樂，所以釋迦牟尼佛說的佛法只有一味，是解脫味。禪修的目的，就是為了解脫的樂，即使在修行禪法的過程之中未得解脫，但是，在自我中心愈來愈淡時，痛苦也會愈少，漸漸就得到解脫的快樂。解脫之後，對任何一個人的愛，絕對是無條件的，沒有時間性，也沒有一定的對象，這種愛是平等的慈悲，是絕對的愛。但並不是把對動物跟對自己的親人同等看待，還是人是人，動物是動物，這是智慧；如果把動物和自己親人同等對待，這不是平等的慈悲，而是愚癡。

（三）世間欲樂皆短暫

我曾問過一位滿胖的女孩子，問她為什麼會這麼胖？她說：「我也不知道，只是覺得忙時無聊，閒時也無聊，無聊時就吃東西，吃東西就很快樂，我整天都在吃零食。但是，我很討厭我這麼胖。」喜歡吃又討厭胖，這究竟是快樂還是不快樂？

在我出家的鄉間，那時候大家都很窮，廟裡只有到過年時，才能吃到糯米做的芝麻湯圓。就有一個愚癡的出家人，認為一年都吃不到，要吃個夠本，於是連吃了三大碗，吃得好快樂。因為糯米湯圓太好吃了，他連咬都不咬，就這麼囫圇吞棗地把一個個湯圓吞到肚子裡，結果糯米不消化，在肚裡結成一團。晚上睡覺前，覺得肚子不舒服，連呼吸都很困難，他就到佛殿上抱個大木魚，用木魚壓著肚子，邊敲邊念著：「阿彌陀佛，讓我放個屁吧！」那時候的鄉下也沒有醫院，於是請了位中醫，醫生叫他吐，叫他嘔，叫他瀉，都沒辦法，最後他就死了，火化之後，結成一團的糯米變成了一個黑球。他吃的時候是很快樂，可是居然會吃到喪命，這是很可憐的事。從此以後，我只要看到有人吃湯圓，都會勸人少吃一點。

以上兩個例子是說，世間的樂都是暫時的，不是絕對而持久的，唯有解脫樂才是永遠的。得解脫的人，不會緊張、恐懼、飢渴，飢渴又分為物質與精神的飢渴。有人問我：「師父，你在任何地方都很忙碌，工作量又多又重，你忙得快樂嗎？」忙，有的是身體忙，有的是心在忙，如果學會禪修的觀念和方法，就能像我們前面說過，永嘉禪師〈證道歌〉所說的「絕學無為閒道人」，那我還有什麼好忙的呢？我雖然沒有得大智慧、大解脫，但是我在學習著禪法，所以我不覺得有那麼忙，而且還滿快樂的。有時候我也會大聲的講幾句重話，講完之後就沒事了；當然，盡量不要這樣，因為那不是很舒服的事。

（四）修行能成就無私的大愛

禪修時，自然而然能夠產生喜悅，這是禪悅、法喜。禪悅的產生是因為用方法使得心念集中，雜念、妄想的負擔減少，此時會有一種如釋重負、輕安的感覺出現，輕安就是快樂。前面所提到的第三種放鬆的樂，就是屬於禪悅裡的定樂。但是禪悅不一定有法喜。法喜的產生，是因為雖然自己的修行工夫還沒修到這個程度，但是懂得用佛法糾正自己的觀念，想法跟過去不同了，當有麻煩、有痛苦的時候，會用佛法來處理，就會快樂多了，這就是法喜，法喜是非常重要的。不論法喜或禪悅，都要比剛才講的三種快樂都好。

禪修者能否愛人或被愛？這是不用懷疑的事！當自我中心愈來愈淡，能體會到自己與環境合而為一，感受到環境與自己是那麼地親切，不容分割；此時，不僅對人，對動植物也都會有愛，會以慈悲心來對待、照顧它們，你和它們不會再有距離，彼此是完全相應的。以愛心對待動物時，牠們也會很歡喜，覺得很安全、很快樂，花草樹木也是如此。在我們的道場裡，有位在家居士照顧花草時，花草樹木都死了；後來換了另外一位居士照顧，這位居士很有愛心地照顧著這些花草，本來快要枯死的，後來都長得很茂盛。甚至有些野鳥，會在花盆裡生蛋孵小鳥，小鳥飛走之後，母鳥還會來帶這位居士去見牠的孩子，鳥與人沒有距離，這就是愛。修行的人自然會有這種愛心出現，不必擔心修行之後，連兒子都不認得了。

二、不期待護法神

今天有人問說：「為什麼打坐時護法神就不來，在拜佛、懺悔時，護法神就會來保護呢？」我說，這和你自己的心有關。心很安定、很開朗的時候，不僅是護法神，即使是動物、植物也願意和你在一起，因為覺得很安全、很舒服。打坐工夫好，護法神一定會來幫助，如果打坐時，五心煩躁（編案：五心指雙手心、雙腳心、胸口），混身都是刺，護法神當然就跑走了。不要認為護法神都是大菩薩，他們或許是跟著你的一種靈體，只要你對他有益，他就來；譬如拜佛時，他也跟著拜；吃飯供養，他也會得到些東西，護法神跟著修行的人，對他是有用的。修行好了，護法神自然會來，但是請諸位不要老是想要護法神來。

我講一個護法神的故事。大約在七十年前，有三位出家人準備結伴到西藏學法。在那個時候，從北京到西藏的交通極為不便，路上需要有護法神保護。出發之前，每天祈求護法神能夠護送他們至西藏。有一天，有一位出家人被靈體附身說：「我是護法神，你們請我，我過來了。但是你們不要太歡喜，我是西山的黃鼠狼。」另外兩位出家人說：「我們請的護法菩薩，怎麼來個黃鼠狼呢？」牠回答說：「像你們這樣三個人，只能夠找到我啊！」

黃鼠狼還有個條件：「正好我也想去西藏學法，但去不了，既然你們求我，一路上我就跟著你們一起去。但是，你們每天就算不能夠給我一隻雞，最少也要三個雞蛋。」和尚說：「我們是吃素的呀！」牠說：「我知道你們吃素，但是西藏喇嘛是不吃素的。」後來他們求黃鼠狼：「拜託，請不要跟著我們吧！我們要的是護法菩薩，不是黃鼠狼！」好不容易把黃鼠狼請走。三位出家人就暫時不去西藏，不然，一路上跟隻黃鼠狼在一起就麻煩了。因此，請諸位不要期待著護法神來護你的法，說不定跑出個黃鼠狼來給你護法。因為你所期待的，必定與你的修行程度相應，修行不夠，就會來個很奇怪的東西。

三、踏實用方法

用方法雖然是有層次、有次第，可是請不要自作聰明地認為，走了一步，就要跨出第二步；走第二步，就準備要跨出第三步，這樣方法是無法踏實的。譬如說，自認為已經是集中心了，就想要進一步進入統一心；進入身心統一，就想進入內外統一，然後再進入前念與後念的統一。這種情形事實上根本沒有統一，而是在打妄想。

統一，是自然而然的，不是自己想要從這一層次至另一層次，而是要「放捨諸相，休息萬事」，要不斷地捨。但是剛開始方法不能捨，方法一捨，就變成打妄想，或者頭腦一片空白。方法，是自然而然到後來好像沒有方法可用，實際上仍在方法上；很清楚知道自己是在打坐，雖然身體的感覺不存在，還是曉得在打坐，環境也是清清楚楚的。此時，不要去想自己是身心統一還是內外統一，念頭一起，就什麼也不統一，根本是在打妄想。

〈第八天：早上〉

直觀與空觀

一、不分內外

打坐時，只知道我在打坐，知道身體上若干部分是有感覺的，但是不要特別去分別是哪一部分，或者是特別注意某一部分，也不對任何一點產生反應。所謂知道，不是經過思考，而是直覺曉得有這樣東西。如果能夠做到，此時此刻，身心便是統一的。

也不要覺得內外統一很難。坐在禪堂內，眼睛如果半睜著，可以看到前面的地板、人物、毛巾、墊子等，即使眼睛閉著，也可看到透過眼皮的光影，但不要被看到的東西或者光影所影響，而生起第二念。例如看到地板上的花紋，或者前面打坐的人坐的樣子很奇怪，甚至於穿的衣服顏色、花紋、料子都很特別；或是耳朵聽到咳嗽聲、飛機聲、鳥聲、汽車聲、風雨聲，或者什麼聲音也沒有，因為太寂靜，耳朵裡好像有一種「吽……」般的天籟聲，對這些現象都不要感到興趣，看到就是看到，聽到就是聽到，不要特別去注意它，心裡不要有任何的反應，此時的你和環境就是統一的。

事實上，在動的狀況下也可達到統一。譬如到戶外經行的托水缽；拿著裝滿水的一碗缽，但是還要走路，要特別小心缽裡的水不能流出來，如果只知道平穩地把缽托好，此時心在缽上，心已經跟缽合而為一。如果覺得好累、好辛苦、好麻煩，心一煩亂，缽裡的水便會流出來。要是能夠覺得托這個缽非常值得，很喜歡，沒有負擔，沒有對立，集中心與統一心就會出現。

在《莊子》書中有一個「庖丁解牛」的故事，敘述庖丁在殺牛時已經出神入化，牛不會痛苦、恐懼，自己也很省力地在使用那把刀。有人問他怎麼辦到的？他說：「剛開始時，我看到的是一隻全部的牛；漸漸地，只看牛的一個一個局部；到最後，根本沒有牛了。」實際上他已經從集中心進入到統一心，沒有內外，沒有彼此，他已經看不到牛，跟牛是結合在一起；又因為已經對牛的身體組織、結構、關節非常清楚，所以曉得怎麼做是最省力的。而且殺牛的人沒有殺的心，牛也不知道是要被殺，牛遇到他，就像是安樂死。中國人有句諺語——「遊刃有餘」，就是形容庖丁割牛時，技巧熟練，刀在牛身上的任何部位，都不會碰到阻礙，那把刀就像在水裡游一樣地，非常地自在、自由。當自己的心能和身體統一，那是自在的；跟環境統一，則是自由的；「遊刃有餘」，就是遇到任何狀況，不會受其影響，處處是自由的、自在的。

我不會殺牛，也不吃牛肉，用這個殺牛的例子來比喻修行禪法的統一心，似乎是很殘酷。事實上，運動員、藝術家、表演家們，在心力很集中的時候，也可能達到統一心的境界。然而統一心和開悟是兩回事，必須要善根深厚，以及正確的佛法指導，也就是三法印——諸行無常、諸法無我、涅槃寂靜，再加上練習集中心、統一心之後，才可能觸發開悟的狀況出現。

二、不起對立

許多人認為修行禪定就能得解脫，然而，修行次第禪定是絕對不得解脫的。雖然在次第禪定裡有個最高的解脫定，即滅受想定、九次第定，然而解脫定並不是因為進入四禪八定之後而得解脫；而是在具備四禪八定，也就是有統一心的工夫時，必須在聽聞佛法之後，將自我中心全部放下，甚至將定也要放下，此時智慧出現，稱為解脫定。所謂九次第定，也不是在達到第八個定之後就進入到第九個定，而是要把前面的八個定放下，不要執著哪個定，滅受想定，就是要滅掉四禪八定中最高的非想非非想處定；滅就是捨，釋迦牟尼佛最後成道，就是捨最高的非想非非想處定，然後才進入到解脫定。

要達成內外統一或身心統一，其實是很容易，但是一定要練習。打坐時用「只管打坐」的方法，自然而然就會進入身心統一和內外統一。可是在行動的時候，譬如：掃地、割草、經行，要怎麼辦呢？人是在環境裡活動，不僅只有身體在動，身體、環境和心都是彼此互動的；在互動的狀況下，不要生起對立心。練習著對見到、聽到、感觸到的任何狀況，都不要給它名字、形容、比較，這主要是為了達到不和它產生對立的目的。因為有名字、有比較、有形容，就是對立。凡是大的、小的；長的、短的；好的、壞的，或是什麼顏色等等的分別，就已經把環境裡的東西拆得一個一個散散的，不是成片的。如果沒有對立，就是統一；即使是在動中，也是統一，這就是動中修。

各位在戶外經行，經常會聽到鳥叫，這是正常的，但是不要有反應，不要生起第二念，這只是自然裡的東西。同樣地，看到石頭就繞過去，不要給它「石頭」這個名字，如果被石頭擋住了，你就起了個念頭說：「豈有此理！有一塊石頭在那裡，我要把它踢開。」這樣你的心就是跟石頭產生了對立，不是統一的。如果出現「聽而不聞、視而不見」的情況，有兩種可能：一種是處於集中心，專注於某境，對環境中其他事物不知道，身心與環境沒有統一，這不是統一心；另一種可能，是前念與後念統一，這是入定。當內外統一時，對身、心、環境的狀況都是清楚的，但是不會起反應；內外統一不是變成白癡，而是明確地知道，那是「照」；不起第二念，是「默」。

這個方法練好的話，在日常生活中是很有用的。不論是夫妻吵架，或者跟長官、同事之間有衝突，都是清清楚楚，應該怎麼做就怎麼做，但是心不會產生痛苦、怨恨、混亂、煩惱。就像大自然裡的流水，遇到任何狀況，即使是一個小縫，都會流過去，而不覺得是一種妨礙；實在流不過去，水就停在那裡，等到可以流動時又繼續流動；即使永遠無法流動，只要等到太陽一曬，水就蒸發成為蒸氣，又可以自由行動了。這就好像統一心，統一心是非常自由，不是呆板的、死的東西。

三、直觀與空觀

直觀實際上就是默照，好像攝影機的本身是沒有選擇的，只要在鏡頭範圍之內，將光線、距離、焦距對準，它就平等接受。我們可以選擇一個範圍來用直觀的方法，譬如看一朵花，花有花瓣、花蕊，一直看下去，可能一隻蝴蝶和蜜蜂飛進來，進來就是自然地進來，不要拒絕什麼，很自然地，看到什麼就是什麼。

直觀是對環境的直覺，進一步是空觀。空觀，是連統一的這種心的念頭都沒有，不會覺得練好統一心就非常得意，將這種心也要放下。但不要誤解空觀是頭腦裡一片空白，空觀是捨無可捨。

〈第八天：晚上〉以恆常心用功不急求開悟

一、攬之不得，不可名其有；磨之不涅，不可名其無

「攬之不得，不可名其有；磨之不涅，不可名其無。」這是宏智正覺禪師所說的。

所謂「攬之不得」，是指想要用手或心來體驗，但是根本沒有這樣東西，所以根本得不到，這個「攬之不得」就是默照。用方法在照、在默時，是有照和默的功能；修行默照成功，也就是默照同時出現，這時候，如果還能夠分別體會這叫作默，那叫作照，生起體會的這個心，那便是妄想心、執著心，不能稱為默照。默照同時的時候，是無法用心去體驗的。

「磨之不泯」的磨，是分析、解散、拆開，認為這樣大概就是沒有了。默照的工夫，說它有，是錯的，因為這成了有執著；說它無，也是錯的，因為默照的運作還是有的，而且說它無，那就落於頑空，認為空無所有，而變成了一種邪見。而是說，如果以心去體驗它，而執著地認為有這樣東西，則是錯的；應該是功能有，而實質是無。

明朝末年有一位臥龍禪師說「無」是指心不起，但六祖惠能說「無」是起了又起，這究竟誰是對的？在禪宗語錄中，弟子和老師之間的對話常常是這樣子的，弟子問「有」，老師一定答「無」；弟子問「無」，老師則是說「有」。難道弟子跟老師是在玩文字遊戲？其實這完全是工夫，指的是不一樣的東西。

禪宗公案裡有一則滿好玩的故事，有位大官去拜訪禪師，問說：「善惡是否有因果報應？」禪師說「有」。可是另外來了一位出家弟子也問禪師同樣的一句話，禪師卻說是「無」。大官就問禪師：「你回答他無，回答我是有，你總有一個地方是錯的。」禪師說：「請問，你有老婆嗎？」大官說「有」，又問那一位弟子：「你有老婆嗎？」弟子說「無」，禪師說：「你看，我的回答是對的囉！」

對於心中牽牽掛掛、放不下的人，一切都是有的，有生死、有涅槃、有解脫、有痛苦、有煩惱、有智慧、有地獄、有淨土，樣樣都有。對心中已經沒有牽掛的人而言，天堂、地獄、佛、煩惱、智慧，都是沒有的；既然無牽掛，有跟沒有，完全相同。譬如說，在家人可能有先生、太太、兒女，心中再放下，也還是有的，不可能完全沒有牽掛，因為這是你的家屬及孩子。我這個出家人，從來沒有娶過老婆，根本沒有對太太及兒女的牽掛。但是我有徒弟，如果徒弟發生意外，我不可能裝著不知道的說是沒有牽掛，首先就要曉得傷勢如何，甚至親自前去探望。

例如剛才我的弟子告訴我說：「今天下午有幾位菩薩去鋸樹，結果樹倒下的方向不對，很麻煩！很糟糕！」我第一個反應就是問：「人有沒有受傷？」我的弟子告訴我：「師父，你不要急，已經把這棵倒下的樹，綁在另一棵沒有倒的樹上了。」然後他又慢慢地來敘述當時的狀況，我再問：「是否傷到人了？」他仍是叫我不要急。從這一點看，我似乎是有牽掛的，因為我首先考慮到、想到的是有沒有人怎麼樣？有沒有危險？但是我不是為了我自己而關心他們，所以我是沒有牽掛的。

還有一個故事是，有位太太經常供養、護持我們，有天突然告訴我說：「師父，我的先生有外遇，他要跟我離婚，你看我是否要答應呢？」我說：「既然已經結婚，能夠不離婚是最好，離婚之後，妳變成了沒有家的人。」她又問：「師父，我還有兩個孩子可以靠，你為什麼叫我不要離婚？可能你擔心我離婚之後就沒錢供養你了！」我說：「阿彌陀佛！如果我貪著妳的供養而叫妳不要離婚，我也不值得做妳的師父了！妳離不離婚是妳的問題，妳現在有兩個孩子，離婚之後，妳的孩子還有爸爸，還有媽媽，可能又多了一個妳先生外遇的女人做媽媽，唯獨妳沒有丈夫了。我考慮到的是妳、妳先生及孩子，妳有沒有給我供養，都是相同的。」她很不好意思地說：「我怎麼沒有想到，師父是專門為我們設想，而不是只為自己。」

經常要練習著不為自己的利害來關心人，這才是沒有牽掛的；如果只為著自己的得失等問題而關心人，那是有牽掛。最近臺灣發生一樁事，有個小女孩從小是由她祖母扶養的，當孫女要進小學，她的父母就把孩子帶回去。祖母捨不得孫女，晚上就到兒子家裝鬼嚇孫女，希望孫女趕快回到她的身邊來。結果裝鬼被兒子抓到，就將祖母送到警察局，經法院判決，為了保護小孩，不准這位祖母再接近兒子的家，因為會對孫女的心理造成不良影響。這位祖母不僅無法見到孫女，連兒子、媳婦也不容易再見到；想要得到，結果卻失去更多，這是位可憐的祖母。

二、以恆常心修行

早期在臺灣的初級禪訓班一期是三個月，每星期上一堂課是兩小時，初級班之後就進入中級班。其中有一個男孩很聰明，記憶力很好，上課後問他們是不是聽懂了？他一定回答說懂，並且馬上念給我聽，跟我說的完全一樣。初級班是講散心、集中心、統一心，到了中級班則講無心，這個學生說：「我老早知道什麼是無心，無心就是沒有牽掛。」我心想，這個學生的反應快、悟性高，真是可造之才。中級班結束，他來參加禪七，禪修期間，我講開示時只要一問，他一定回答，跟我是對答如流。後來我說：「怎麼都是你回答？」他說：「師父，大家不回答，總要有人回答！他們不懂，我懂，我當然回答囉！」然後他問我說：「師父，我的悟境如何？」我說：「你是鸚鵡的『鵡』啊！」鸚鵡是人家講什麼牠就跟著講什麼。

後來這個學生非常急切地要我承認他已經開悟，我說：「你的悟境那麼高，我怕你啊！要我承認你開悟，那是害你，我不承認你開悟，你講的話又都是我所講的。但是，我不能從語言上肯定你是開悟，開悟是沒有辦法用理論來解釋分析。你沒有開悟就是沒有開悟，你再怎麼講，我也不會承認的。」請問諸位，這個學生他有沒有牽掛啊？事實上，我們只要好好修行，就是有用的，開不開悟都是相同，為什麼一定要去追求開悟呢？

大乘菩薩的修行時間，從初發心至信心不退，要十劫；信心不退到斷除煩惱的一分，是一大阿僧祇劫；煩惱如有十分，十分煩惱全部斷除，是第二阿僧祇劫；從第二阿僧祇劫開始到成佛，是第三阿僧祇劫。許多人來參加幾天禪修，就準備要成佛了，這真是對不起釋迦牟尼佛啊！

大乘菩薩要信心不退就要修十劫，我們一般的凡夫都是退退進進，想要信心不退，就要不斷地發願修行，鼓勵自己修行，信心才能持久。因此，在十劫之內，遇到大麻煩時，信心還有可能會退，但是已經種了善根，如果遇到機會，善根還會再發芽，信心又會再回來。也許諸位會想：「修行的時間要這麼長，算了！」如果算了，那就完全沒有希望了。

三、悟不等於解脫

正統的佛教修行人，不會隨便說自己已經是聖人，特別是在中國，所有的祖師沒有一位說自己是聖人，都說自己是凡夫。許多大乘菩薩示現的是凡夫相，聖人和凡夫在一起，現凡夫相、凡夫身來度眾生；如果說自己是聖人，凡夫會覺得這不是一般人能達到的，結果會導致與人間脫節。

有一次我問達賴喇嘛：「在西藏，開悟的人多不多？」他說：「開悟，對菩薩而言是解脫，那不是凡夫菩薩的解脫，而是聖人菩薩的解脫。開悟之後的菩薩，已經斷一分煩惱，還有未斷的煩惱沒有顯現。聽說臺灣開悟的人很多，那開的是什麼悟呢？」我說：「真是慚愧，我們沒有人告訴大家什麼是開悟，所以認為只要有一點神祕經驗，就是開悟。中國禪宗、天台宗就有講過這個問題，我也知道經驗不是開悟。」

禪宗講的見性不等於解脫，見性是指和空性相應，可以說是開悟，但並不等於是解脫。譬如，沒有見性的人如同是在雲霧裡，雲和霧將視線擋住，根本不知道遠處有座山在那裡，只聽過有人說那裡有座山，但是自己從來沒有見過。見性，就像雲霧突然間開了個縫，從縫中一看，知道前面有座山在那裡，但是縫合攏之後，山又看不到了。雖然已經看過山，曉得那地方有座山，但並不表示已經上山了。見性，又好像在黑夜中，沒有燈，什麼也看不到，此時突然有個閃電，在一閃之間變得好亮，全部東西看得清清楚楚，然而一閃過後，又什麼都看不到了，只是在閃的那一剎那中，看到了一些東西。

所以，大慧宗杲禪師說自己：「大悟一十八遍，小悟不計其數。」也就是說他經常與空性相應，但之後又會被煩惱蓋住。數字的形容並沒有意思，重點在於說明悟境並不等於解脫。開悟是見性，是與空性相應，但不是解脫。請大家不要太重視自己是否見性，重要的是煩惱與痛苦是否減少，是否比以前慈悲、快樂。

圜悟克勤禪師說過，古代把關很緊的祖師，印可他人見性開悟，那個印是金剛印；但是現在很多老師給的印，是用冬瓜做的「冬瓜印」；我則形容，目前有更多的印是「豆腐印」。

〈第九天：早上〉

發出離心與菩提心

一、佛法與其他宗教不共的觀念

修行佛法或禪法，必須要有理論，也就是要有觀念和方法。觀念是指出如何解脫的方向和原則，方法則是鍊心，從散亂心鍊到統一心。就方法而言，不論是不是佛教或禪宗，都可以用；但是理論的觀念，佛法與其他宗教的觀念是不相同的，不同之處在於解脫、無相、無我、空的觀念。

（一）無神論

曾經有幾位非佛教徒問我：「其他宗教是否可用禪的修行方法？用了之後能不能得到力量？」我說：「當然可以用，一定可以得到力量。」他們認為佛教跟其他宗教完全相同，我說：「絕對不同。用方法等於用工具，任何人都可用那個工具，工具有它的效果及功能。然而指導的方向、原則不同，得到的就是不一樣的效果。」他們又問：「為什麼？不是同樣是宗教嗎？許多宗教師認為，你們佛教所信的神，應該跟猶太教、基督教、伊斯蘭教所信的神是差不多的，只是解釋不一樣，同樣都是神啊！」我說：「佛教是無神的。」這下可把他們愣住了，問道：「你們不信神，你們信什麼呢？是不是反對我們的神呢？」

我說：「無神，當然就不信神，既然是無神，為什麼要反對你們的神，反對你們，不就是表示有神了嗎？我不但不反對，而且是贊成的。每個宗教的神，是對他們這個宗教有用，他們認為信的是唯一的神，但在我看來卻不是的。就像美國、中國以及每個國家，都有他們自己的領袖，但不是世界上共同的領袖。歷史上許多國家、民族的領袖，例如亞歷山大、成吉思汗、拿破崙、希特勒、史達林等，都希望做世界共同的領袖，但沒有一位成功。因此，我承認你們信的神是有的，不過，不是全宇宙唯一的、最高的、最大的神；要不然每個宗教為什麼都不承認彼此的神，而且每個神只保護自己的信徒、民族，對我們來講，這些神叫作護法神。」

目前我正在做這樣的工作，希望把所有的宗教，組織成一個宗教的聯合國。大家都成為這個聯合國的會員國，每一個宗教的神都在一起，彼此做做朋友，不要相互指責說你是魔、他是魔。如果能夠達成這個目的，這個世界就是一個和平的世界。但是，人的聯合國比較容易，神的聯合國卻很難。問題就在於每個宗教都各自有其神學觀念，要放棄自己信仰中的神學基本觀念，而共同來成立一個宗教聯合國憲章，這是很困難的。

不過撇開觀念不說，佛教所提供的修行方法，在伊斯蘭教裡就有一派在採用；而天主教有許多神父和修女，他們也在學禪。特別在日本，有一位神父就有個禪堂，有許多學生在跟他學習打坐。那個禪堂跟我們佛教的禪堂完全一樣，用的方法及規矩也相同，他說他是天主教的禪師。有人問我這位禪師是真的還是假的？我說：「這是天主教的禪師，不是佛教的禪師，有什麼真和假呢！」

佛教和其他宗教不同之處是在觀念上，佛教是無神論者，不承認有什麼神創造的宇宙。無神論的意思是宇宙和人類，不是由哪一個最高的神所創造，宇宙與眾生，是由於眾生的共業所形成；也就是說，許多共處在宇宙中的眾生，形成宇宙眾生的業，因而有了宇宙的現象，這是眾緣——眾生的業緣所創造，稱為共業；這個觀念和有神論是不同的。但是，每一個宗教的神，都說是神創造了宇宙，以佛教的觀點來看，還算是健康的。

（二）因緣觀

佛經裡有一段記載是說，印度相信最高的神叫梵天（Brahmā），他是宇宙的原理及根本。梵天去見釋迦牟尼佛，佛問：「宇宙是你創造的嗎？」他說：「是梵天創造的。」佛說：「因緣所生法，我說即是空。一切都是因緣生，此生故彼生，此滅故彼滅，這是因緣生，因緣滅，並不是由一個最高的梵天神所創造。」由於梵天認同佛所說的因緣生因緣滅，所以請佛說法，後來梵天就成為佛的弟子以及護法。

各種宗教信仰的神學理論，所帶來修行的結果也會不相同。有神論的到神國去，無神論的則至涅槃，也就是解脫。有神論者也講解脫，但是這種解脫是指從人間解脫到神的天國；而佛教所說的解脫，是從煩惱和我執得到解脫，進而至不生不滅的涅槃境界；涅槃之後進入法身，自己的身體變成法身，法身遍在，在所有一切的時間、空間裡，並沒有一定的位置，這跟去天國的解脫是不一樣的。雖然在佛教信仰中也有淨土說，但事實上，並沒有一定在哪個地方才稱作淨土，只要心得解脫，處處便是淨土。

禪宗有位禪師將要去世，他的弟子問師父百年之後要到哪裡？禪師說要到山下當一隻公水牛。弟子就問：「師父，你到山下做牛，那我是不是也要去做牛呢？」禪師說：「你到山下做牛，就只有專門吃草啦！」禪師是做什麼都好，因緣如何，就到哪兒去。釋迦牟尼佛就曾經在過去生行菩薩道時，為了救度動物，而出生為牛王、象王、馬王。禪師死後要去山下做牛，人們會問：「開了悟的禪師怎麼會去做牛呢？」其實，煩惱不生不滅就是解脫；已經解脫的人，只有眾生，沒有自我，眾生需要什麼幫助，就應現什麼身分，是不拘自己的身分，不會考慮到自己說：「我是禪師，除了禪師，我是不做的。」

我現在是老師，我當學生的時間很長，學生身分一直到四十六歲至美國為止。我常常這樣想：雖然我是老師，你們是我的學生及弟子，但是有些人，比我更有基礎，更有善根，他們是為了成就我，所以把自己變成學生，他們真是菩薩！

水漲船高，沒有好的學生，不能成為好的老師；沒有壞學生，也不會成為好的老師；如果只有普通的學生，那個老師必定也是普通的。因為有很壞的學生時，老師會受到考驗，至少要付出很大的耐心及慈悲心，對老師而言是一種成長，這個壞學生就是位大菩薩，是可憐我而來成就我，所以我要感恩壞學生。如果遇到非常好、非常優秀的學生，我更是感恩。因為他們會有很多的反應，能夠啟發老師，使得我這個老師也不得不優秀，因為我會覺得慚愧，我會更加地努力。因此，優秀的學生及很壞的學生，他們是菩薩再來，都是我的大菩薩，也許他們自己並不知道，可是我相信他們是發了這個願，來扮演這樣一個角色。我這一生之中，優秀的學生不多，壞學生倒不少，他們當時是會讓我不舒服，好像與我糾纏不清，但是事後我會覺得，如果沒有他們，我可能無法付出這麼大的耐心。

二、出離心與菩薩道

出離心，實際上就是默照的默，不受任何誘惑、刺激，有任何狀況及現象時，不受其困擾及影響，但仍很清楚地知道有這回事。出離，是要從煩惱、是非的陷阱中跳出來，不要再跳進去。有位菩薩對我說：「師父，我很傲慢，我講的話可能對你不恭敬，請你原諒我的態度。」我說：「這是你的事，跟我沒有關係，不論能力強或能力弱的人，都可能傲慢。」其實這就是個陷阱，他已經明白告訴我，可能會對我不恭敬，如果我因此覺得不舒服，那不就上了他的當？所以人與人接觸時，隨時隨地都可能有個陷阱讓你跳進去，對方也不一定是故意的，而是他的性格就是如此。如果一接觸，就緊張、生氣，那就是跳到那個大陷阱裡去了。

有的人認為出離一定是要出家；沒錯，出家的生活型態以及生活的戒律，能夠得到許多預防措施，跳進陷阱的機會較少。但是，出家人如果貪心、瞋心、煩惱心很重，出離心就無法生起。無法生起出離心的出家人，常常導致三種結果：一種是犯戒；另外一種是還俗；第三種結果雖然不犯戒也不還俗，但是經常在懲罰自己，原因是不知道如何讓自己不受環境影響。在家修行者則根本難以防範，隨時隨地會跳進陷阱裡去，所以更需要修行默照。因此，不論是出家人、在家人，都要用方法、用觀念指導，不要忘了經常要拜佛、懺悔，這樣比較容易生起出離心。

當身心環境遇到障礙，就要慚愧、懺悔，這是由自己的業所造，不知道是在過去生或這一生，不能夠埋怨他人。然後，要發菩提心、出離心、感恩心、迴向發願心，用佛法修行，一定可以成就。

菩提心，是指發願成佛，但成佛是個空洞的名詞，所以要先行菩薩道。所謂「上求佛道，下化眾生」，求佛道，是親近所有的善知識；度眾生，則是慈悲地為眾生奉獻，而且不求回饋，絕對無條件地持續奉獻下去。有人認為發菩提心，只是為了成佛，這就好比想要發財，只求上天賜予錢財而不努力是一樣的，用這種態度所發的願是沒有用的。想發財必須懂得如何經營，成佛也是一樣，要經營菩薩道，這才是菩提心。

〈第九天：晚上〉

以感恩、迴向心面對順逆因緣

一、感恩心

在天主教或基督教的宗教信仰中，吃飯時要先感恩，以前我覺得很奇怪，是自己在工作，自己在煮飯，為什麼要感恩上帝？最近看到一則新聞，世界足球賽冠軍是巴西隊，在宣布冠軍時，他們不急著上台領獎，而是全隊先在台下做祈禱，感謝天主，因為天主站在他們這一邊，讓他們得到冠軍。這在其他的足球隊看來是很奇怪的，為什麼天主只保佑巴西隊而不保佑我們？有個評論員就說：「宗教信仰非常重要，如果沒有天主，這個榮耀是得不到的。」據說他們在比賽開始之前，就天天在為比賽祈禱，直到最後拿到冠軍，當然要感謝天主。這種信仰的力量是有用，可以使得信心堅強。

（一）感恩佛、法、僧三寶

感恩，是表示自己所得，是要靠他人的協助和賜予。但是以禪修的立場，修行是自己的事，佛說「自修、自悟、自證」，自己修行，自己開悟，自己證明自己開悟，或許有人會問：為什麼還要感恩？可是，如果沒有佛法告訴我們修行的方法以及指導觀念，就會成為盲修瞎練。方法是佛所教的，方向則是佛所說的，所以應該要感恩佛。

釋迦牟尼佛是經過三大阿僧祇劫的修行而成佛，然後將成佛以後所得的智慧，無條件、無保留地奉獻給眾生。佛法從釋迦牟尼佛開始，代代相傳；有些是以語言或文字，有些是運用心法，一代一代直接地心與心彼此相應。禪宗尤其重視心法相傳，心法一斷，法脈也就斷了，只剩下文字和語言。文字和語言只是表面，心法則是根本。但無論語言、文字還是心法，這三種方式的佛法都是由人在傳承，所以我們要感恩這些代代傳布佛法的人。

三寶就是：佛、佛說的法，以及傳法的僧。僧，就是佛教弘法的團體，是以出家人為中心，所以要感恩弘揚佛法、傳遞佛法的佛、法、僧三寶。當然，在家居士也可以成為一個團體，《法華經》裡甚至說到，只要傳遞佛所說的法，不論傳遞者是人或動物，都應該要感恩。其實凡是清淨的、精進的，能夠將佛法傳持的團體，或團體中的人，都是應該尊敬及感恩。

（二）感恩父母及眾生

佛說修行法身，必定要以肉體的色身做為工具來修行，否則就沒有著力點。因此，要感恩有這個身體，能用身體來修行佛法，而身體是由父母所生。曾有位男眾居士，從小被父母遺棄，他在孤兒院長大，到現在都是用孤兒院院長的姓。他聽到我說要感恩給我們身體的父母，就來見我說：「我連父母都不知道是誰，一生下來他們就把我遺棄，我沒辦法感恩他們。我要感恩的是孤兒院院長，是他將我帶大的。」

於是我對他說：「我小的時候也有這樣的想法，因為父母把我生得瘦小，打架打不過人，又笨笨的，罵架也罵不過人，我討厭我這個身體，也討厭父母為什麼要把我生出來。後來漸漸長大，感恩父母沒有把我丟棄，因為在一個很窮的生活環境裡，無法給我很好的教育，而我又瘦、又小、又笨，只有做和尚去。如果我的身體強壯，鄉下人大概就會被送去做苦力。現在我做和尚做得很快樂，所以感恩父母給我生了這麼個沒有用的身體。至於你，今天如果不是被送到孤兒院，而是在一個有錢人的家裡，可能會變成一個浪子，書讀不好，錢隨便花。因為你是個孤兒，沒有什麼可依靠，知道必須努力向上，所以你要感恩你的父母。」他聽完後覺得很慚愧，馬上跪下懺悔，表示知道要感恩父母了。

曾經有一個臺灣的棄兒，生下來就被父母遺棄，送到一個基督教教堂的門前。教堂的牧師是位挪威人，他就把小孩送給一對挪威的醫生夫婦，現在孩子已經十七歲，養父母帶他到臺灣來尋找親生父母。透過電視、電台、報紙等媒體的報導，還是沒有人出來相認，有人問孩子說：「你恨你的親生父母嗎？」他說：

「如果我恨我的父母，就不會回來了，我是懷念他們、感恩他們，所以要求養父母把我帶回臺灣見一見親生父母。雖然沒有見到他們，但我還是很感恩他們，我生在臺灣，我的身體是臺灣出來的。我的心中有兩對父母，一對是生父母，一對是養父母，我對他們都是一樣的感恩。」這真是個有善根的孩子。

（三）感恩逆緣

順緣和逆緣是兩種增上緣。順增上緣，是在成長的過程中，會遇到許多的恩人，都是在支持我們、幫助我們、提拔我們、指導我們，不論他們是有心或無心，有計畫或沒有計畫，如果不是他們，我們不可能會有今天這樣的成就。細心一想，這樣的人應該是很多的。

逆增上緣，是從相反的方向來影響，想要往前走，有人扯後腿；想往上爬，有人歧視你，使得你失去信心。中國人講「打落水狗」、「落井下石」，已經跌倒，不但不扶起來，反而再踹你兩腳，在這種情況下是很痛苦的。可是，如果有善根，阻力愈大，意志力愈強，愈是不斷地改進自己、成長自己往前走。釋迦牟尼佛在修行的過程之中，提婆達多就是他的逆行菩薩，累生累劫專門在跟他搗蛋，所以釋迦牟尼佛可以很快成佛。釋迦牟尼佛很感恩這位菩薩，在《法華經》裡為他授記，預計他將來會成佛道。

我也曾有過這種狀況，當在山裡閉關修行時，遇到經論裡的一些問題解決不了，就寫信請教一位很有名的法師。可是這位法師因為和我師父之間，有些意見上的衝突，所以不睬我，我連寫了三封信，就像石沉大海般沒有回音。我當時真不是味道，認為這位法師真不慈悲，對他而言，這些問題很簡單就可以回答我，他卻不回應。可是這樣的狀況，促使我想辦法自己找更多的經論，讀更多的書，最後問題就解決了，對我反而是太好了。這位法師還給了我另一個阻礙，是我在閉關準備從山裡出關時，有一個道場沒有住持，他們還派了人來跟我談，要我去當住持，當時我覺得去做也不錯。可是這位法師得知後，就主張將此案取消，說我是某人的徒弟，怎麼可以讓我去當住持？由於沒有去當住持，我就去日本留學，學成之後，我非常感恩這位法師。因為當初如果不是他反對的話，我現在可能還在當住持，不但日本去不了，也不可能取得博士學位，當然更不會有今天這個聖嚴法師。

此外，當我在日本留學，日本有幾個團體願意供給臺灣的出家人獎學金，只要臺灣的機構出具證明，表示此人在臺灣研究佛學，是個優秀可造之人，就可以申請。當時我就請臺灣中國佛教會為我寫推薦函，信中回覆我說沒有問題的，但等了半年卻毫無音訊，打聽結果，是因為佛教會的某位法師，與我的師父意見不合，不願意給我推薦函。當時我想，這位法師真是不慈悲。但就因為我得不到獎學金，在缺乏經費的情況下，反而讀書讀得特別勤、特別快，學位很快就完成。回到臺灣後，我去感謝那位不願替我證明的法師，我說：「感恩法師，我能很快拿到學位，也許你不知道是你成就了我，謝謝你。」

因此，感恩不只是感恩順增上緣，也不要忽略逆增上緣。也許他們根本不知道幫助了你，可是你是因為他們而有成就、有成長，這個力量是從他們而來。以這種感恩心對待他人，對自己是最快樂、最平安、最值得的事，不但心胸開朗，而且增長了慈悲心。如果見到每個人都是恨、怨、妒嫉、懷疑，一直都在煩惱痛苦之中，修行是無法得力。所以感恩實際上是幫助自己，因為感恩的對象沒有得到什麼，他們並不了解你，得到最多的反而是自己。

在生活環境中，應該感恩所有的人，不論是在家庭中、工作中，任何時間遇到的人都應該感恩。如果用這種感恩心待人，我們的心始終是明朗的、爽快的、歡喜的，時時有「遇到一個恩人，又遇到一個恩人」的感覺，總比「我遇到個仇人，我又遇到一個敵人」要好。然而感恩心不是愚癡心，不要以為反正是感恩，他人踢你一腳，你要他再踢第二腳，這是愚癡。佛教徒以及修行人，不是愚人，而是有慈悲、有智慧的人。

所以，遇到逆境現前要處理，不被逆境所困。不要認為反正是逆境，是逆增上緣，再來多一點都沒關係。房子倒、失了火，或者是受了傷，還能安心修行嗎？如果沒有健康的身體，連運用的工具也沒有，修行也修不成。因此，能迴避的還是要迴避。

二、分享修行利益就是迴向

迴向，是將自己修行過程之中所得的利益，分享給其他人，譬如這次修行十天，願意將十天修行的功德，分享給別人。但如果光只是這麼想，也跟著大家跪在佛前做迴向，這是一種信仰，不能說沒有用，但是功能不大，最重要的還是自己性格的調整。如果修行十天之後，觀念、行為、心理上都有所改變，本來很容易發脾氣，現在脾氣變好；本來容易懷疑，現在相信人；本來容易妒嫉，現在不妒嫉而是讚歎；本來很自私，現在常常為人設想。這就是分享，這才是真正的迴向。

迴向，是分享利益，而不是分享煩惱。如果打完這次十天的禪修，回去之後看到所有人，你都認為他們沒有修行，而自己已經是從小雞變成鳳凰，身處在慈悲與智慧的清淨世界，而他們是那麼愚蠢、那麼可惡，都是煩惱鬼，是來干擾你的修行，你愈看愈不順眼，這不是迴向而是在造罪，造更多的業，煩惱心更重。心裡有更多不滿及困擾，那麼，這次的修行根本不是在修行，而是專門在打妄想。

〈第十天：早上（圓滿日）〉

結束是另一階段修行的開始

一、將方法帶回日常生活中

有位女眾跟我抱怨說：「我已經修行多年，每次打禪七，在禪修期間方法似乎有用，回去後只能保持幾天，漸漸就用不上力。然後再來打禪七，又是從頭開始，這樣的禪修，究竟有沒有用呢？」我問她：「我們每天要吃飯、洗臉、漱口，為什麼天天都要做同樣的事？」

中國有句諺語：「學如逆水行舟，不進則退。」學習，就像船在逆水中向上划，如果不好好努力地撐著、搖著，就會順著水勢向下流，所以要不斷地、不斷地努力。另有一句諺語：「拳不離手，曲不離口。」武功再好的武術家、嗓子再好的演唱家，都要經常練習，否則就會陌生，就會生疏。

禪修也是一樣，明天禪十結束之後，在平常的生活之中還是要繼續練習。這十天是在釐清觀念以及練習著運用方法。如果指望禪修期間師父能夠幫一個忙，一下子就能開悟，這是不切實際的錯誤想法。禪修期間，只是集中時間使心安定地學習觀念及方法，學好之後回去要能夠在日常生活中運用。諸位還記得你們在求學時，所學的是要在生活裡運用的，而不是在學校裡用。譬如學法律、學會計、學工程等，不是在課堂上用就好，學成之後，是一輩子都要用的。同樣地，禪修不是只有在禪堂裡用，回家之後就忘光了，這樣是顛倒的。

前幾天我們提到要有慚愧心，慚愧心生起之後，就是懺悔。修行時，如果心很散亂，用慚愧心及懺悔心，心會安定下來，力量就會出現，否則心浮氣躁，心力不能集中，體能也有問題。如果沒有慚愧心，是假的懺悔。慚愧、懺悔，是對自己抱歉，對他人抱歉，不應該說的話說了，不應該做的事做了，不應該跳的陷阱跳進去了。慚愧與懺悔，能夠不受外在影響而知道堅強、改過，成長再成長，在任何狀況下都是安全的。

大約在三、四十年前，當時臺灣大學的校長是傅斯年先生，是位很有學問、很有理想的學者，到現在大家還在懷念他，但是當年有一位民意代表很討厭傅斯年，就請他到議會列席質詢。民意代表講話很不客氣，當場把傅斯年氣得發抖，下台之後就氣死了。後來那位民意代表說：「我的目的是要氣氣他，沒有要他死，當校長的人這麼沒有修養，還當什麼校長。」其實，當人家罵你、冤枉你、批評你的時候，聽到就聽到，這是照，這是他站在他的立場所說的話，是他的看法及評價，對自己毫無損失。不要以為名譽是第二生命，被人一毀，連第一生命也不要，這不是很奇怪嗎？已經被射一箭，自己再補第二箭把自己射死，痛苦和怨恨就是再拿另一枝箭刺自己。這聽起來好像很愚蠢，事實上這樣的例子太多了，也是很可憐的，如果能用默的方法，就不會這麼做了。

有時候被傷害是難免的。例如，前天我在院子裡幫忙澆水，做完之後手有點痛，我根本不知道我的手什麼時候破了一塊皮。受傷之後，重要的是趕快擦藥療傷，保護它，而不是讓它傷得更大。一般人在被人攻擊、批評、刺激，或事業失敗、工作被資遣，已經受傷很痛苦，之後又再將傷擴大，是很愚癡的事。

在西方的觀念，受了欺負一定要伸張正義，不報復就是沒有正義。但是東方的佛教講因果，結痛苦的因，再還痛苦的果，一報還一報，佛法說：「冤冤相報無盡期。」你踢我一腳，我還你一拳，愈來愈嚴重，最後可能演變成你要我的命，我要你的命。冤家宜解不宜結，應該以慈悲心待人，而不是以瞋恨心待人，否則對己對人都是不利。如果被傷害之後，心還在不斷地傷痛，那就要慚愧，因為那是很對不起自己，愛護自己也是非常重要的。

許多人認為信了佛教之後，會變成被人欺負的軟弱人。事實上，佛教是主張堅強，要有智慧及力量，不是任人欺負而不處理。能自利也能利人，能自保也能護人，這就是慈悲心，就是菩提心。

二、發菩提心

發菩提心的目的，是為了消融自我的自私心、追求心。因為菩提心就是要行菩薩道，菩薩道中最重要的兩句話：「不為自己求安樂，但願眾生得離苦。」這就是奉獻自我、消融自我的一種方法。在發菩提心的過程之中，都是在為眾生，以利益眾生來利益自己，因為利益眾生的同時，自己的菩提心、慈悲心，以及智慧心也都在成長。否則，發菩提心只是為成佛，似乎與「不除妄想不求真」是衝突的。發願成佛，不是自私心，是求最高真正的佛果，認知到佛是如何成就的。

其實，菩提心是默照的照，照是很清楚的反應，知道眾生以及環境之所需，恰到好處地給予幫助。慈悲就是菩提心，菩提心就是慈悲，是平等的，不考慮對象究竟是誰。當然，距離近的，幫助的機會多一些，根本不認識，聽不到也看不到的，就要看緣分了，但是在原則上是平等的。

所謂平等，是不是除了把自己的孩子照顧好之外，有許多流浪漢的孩子，也一個個撿回來，和自己的孩子一起平等照顧？到最後，可能你的孩子也跑到街上變成了流浪漢了。這必須考慮自己的能力，先將自己的孩子照顧好，如果有能力照顧更多的孩子，當然是沒有問題。但如果能力、因緣不許可，就應該量力而為。

無所求的心，就是菩提心，也是出離心。真正有菩提心的人，一定有出離心。因為菩提心不為己求，不在乎自己的得與失，只是奉獻；出離心則是出離煩惱的心。因此，菩提心是慈悲，出離心則是智慧。

請諸位把握最後一天的時間，要發出離心、菩提心。發菩提心是照，發出離心則是默，要對任何的雜念、妄想有菩提心，不要恨它、討厭它；但是，也要有出離心，不占有它、不在乎它，那就是輕輕鬆鬆、自自然然地在運用方法了。

（西元二〇〇二年六月二十七日至七月七日默照禪十，開示於美國紐約象岡道場，姚世莊居士整理）

第三篇

英國威爾斯默照禪七開示

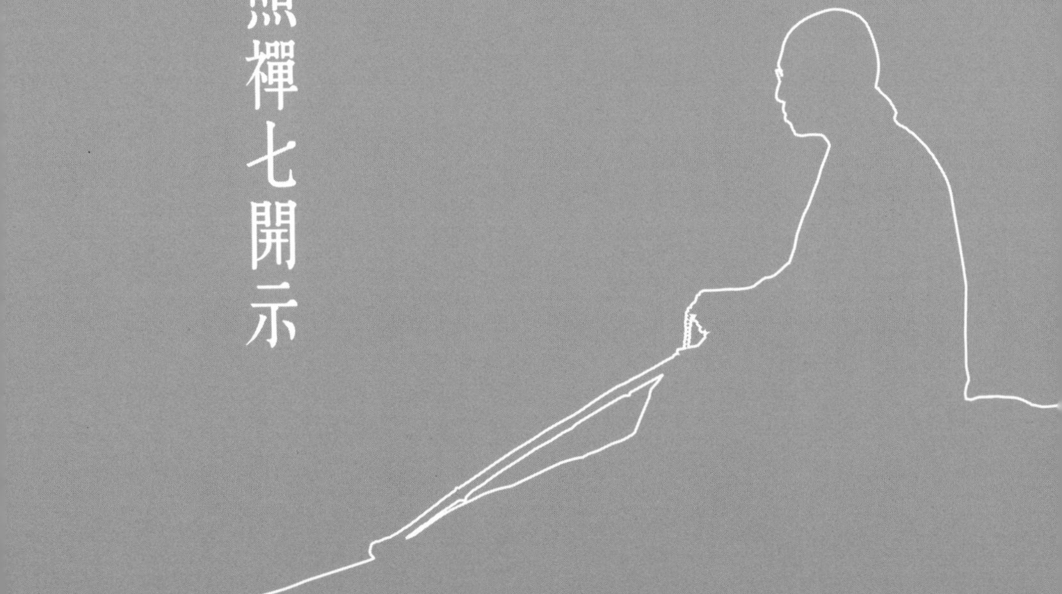

壹、什麼是默照禪

禪七期間，將為諸位介紹曹洞宗宏智正覺禪師（一〇九一—一一五七年）的「默照禪」。

中國曹洞宗的源頭，是洞山良价禪師（八〇七—八六九年）及曹山本寂禪師（八四〇—九〇一年）。而日本曹洞宗的源頭是中國天童如淨禪師（一一六三—一二二八年）及日本道元希玄（一二〇〇—一二五三年）兩位禪師，如淨是洞山良价十三代，其第十代真歇清了，是宏智正覺的同門，同出於丹霞子淳座下。其系統可列表如下：

丹霞子淳—┬—宏智正覺—淨慈慧暉—明極慧祚—東谷妙光—直翁德舉
　　　　　└—真歇清了—天童宗玨—足庵智鑑—天童如淨—道元希玄

基本上，日本曹洞宗的只管打坐，和中國曹洞宗的默照禪，是有差別的，我既然講默照禪，先將方法給諸位複習一下，使諸位在方法上清楚，觀念上正確，如此修行，才會進步，才能著力。

在座有很多位，曾經學過日本曹洞宗的只管打坐，聽過曹洞宗禪的開示，也看過曹洞宗的著作。我也知道他們是怎麼教的，但是，我用我的層次及階段，將方法由淺入深地告訴諸位。因為，宏智正覺的默照禪是開悟以後寫的，它是從悟境中，告訴我們什麼是默照禪？然而，對於尚未達此程度的人，想要實踐是相當不容易的，因此，必須從基礎的方法開始，才能知道開悟以後，所體會的默照禪是什麼？

如何開始學習，我將它分為三個層次：一、只管身體：把姿勢坐好，身心放鬆，以有心無心地注意自己整個的身體；不是只感覺身體的某一部位，而是在同一時間內，觀照整個身體的任何部位，同時要放輕鬆，緊張的話，很快會累。所謂放鬆，是神經、頭腦不要緊張，但是身體及坐姿必須正確，背及後腰不能放鬆，否則馬上彎腰駝背，那就是懈怠了。鬆懈時容易打瞌睡，方法也用不上，頭腦必須保持非常清醒，如果感覺有點懶，並且迷迷糊糊的，這都不是只管打坐或者默照時應有的狀態。

二、把環境當作身體的一部分：清楚地知道身體在那裡，但是，它並沒有給你負擔及感覺，雖然身體的痛還在；甚至於，痛也沒有，而周遭之環境如同你身體的一部分，此時有風吹聲、鳥叫聲，在威爾斯偶爾還有羊叫聲，但是，對你來講，環境沒有打攪到你的心，而是很自然地，跟你的身體在一起。身體在、環境在、你的心也在；有主觀的自己、客觀的身體，同時被觀照得很清楚，但是，就是沒有負擔，沒有受到干擾。

三、以空做為觀照：向內觀照，內心無限地深遠，向外觀照，外境無窮地廣大。環境在、身體在，但是自己已經不在；沒有主觀的自己及客觀的環境，一片明朗、清淨，到了這個程度，身心世界，整個宇宙，都是我自己；以為沒有境界，事實上，空境即為觀境。此時，是否開悟了呢？還是沒有，一離開打坐，進入生活的環境中時，還會受到干擾。洞山良价修行時，認為自己體會到佛經中祖師們所講的悟境，可是，他的師父雲巖曇成禪師始終認為他還得努力。後來，洞山離開雲巖去行腳，有次經過一條溪流，水面清澈，清楚地看到自己所反映的倒影，他的面孔、他的身體，他便大悟雲巖所示百年後的真象「即遮個是」的意旨，他便很歡喜地說：「切忌從他覓，迢迢與我疏；我今獨自往，處處得逢渠；渠今正是我，我今不是渠；應須恁麼會，方得契如如。」

因此，沒有開悟的人，總是執著的，不是執著於「有」，就是執著沒有語言的對象的「空」；當洞山良价看到空和有，內和外，不相妨礙、不是對立、也不是統一，不執著境界，不否定現實時，還能和現實融合在一起。

沒有時間、空間，沒有自我、對象：心念不動，但是歷歷分明。心中無物、無相，但是明淨靈活，此時，就是默而常照，照而常默；默中有照，照中有默，到了這個層次，便是大開悟。

諸位會問，開悟以後會怎麼樣呢？不要好奇，初學者需從第一階段開始，自然而然會進入第二、第三個層次，一步步地做到，一步步地不要執著，這是開悟的過程。

昨晚到現在，已經在用只管打坐的人，可以繼續用下去，沒有用過的，聽了我的講解後，有意願試試這種方法的也可以，或者用的是從過去老師那兒學來的方法。我是相當開放的，任何人可以用自己願意用的方法，但是，觀念的指導是最重要的，觀念相同，目的才會一樣，至於用什麼方法進入禪境，這是沒有一定的。

幾乎與宏智正覺同時代的人，有一位長蘆宗賾禪師（十一世紀末、十二世紀初時人），撰有一篇〈坐禪儀〉，他所教的禪修方法，就是主張調飲食、調睡眠、調坐姿、調息，然後「一切善惡都莫思量，念起即覺，覺之即失，久久忘緣，自成一片」。可是，宏智正覺的〈坐禪箴〉，一開始就說：「佛佛要機，祖祖機要。不觸事而知，不對緣而照。」用默照下手，不用天台止觀的前方便。可是，一般人如果一開始就用默照，是很不容易的，必須還是從止觀的前方便做起，這是一種預備階段的輔助法。

此外，日本現代有一新派，就是原田祖岳禪師（Harada Sogaku）的龍澤寺派，名義上屬於曹洞宗，實際上是融會了曹洞、臨濟兩宗之長，而創立一派生氣蓬勃的禪佛教，成為今日日本向國內外傳播禪法的主流之一，他沒有用只管打坐或默照，而是教人數息、參公案。默照，其實就是止觀並用，止的時候，心中沒有雜念，觀的時候，很清楚地知道自己沒有雜念；因此，觀的時候止，止的時候觀；照的時候也在默，默的時候也在照。將觀用作照，將止用作默。所以雖然源出於止觀，卻不是止觀。基礎方法剛開始用時，是觀照自己身體的全部；觀整體不觀局部，必須要有一樣對象讓心有所住，然後才能無住；有所住，並不是住於不斷起伏的雜念、妄念，而是住於正念，此正念便是觀整個的身體，同時通過注意身體的整體，而不讓自己有妄念。

身體的痛、癢，腿的不舒服，一定還有，但是，你要不管。就像我們看到地板上有很多墨跡，但是，不是只看到某一點，而是意識到整個的地板上有很多的黑點點。

開始時心不安沒有關係，只是留意身體的全部，其他什麼都不要管，慢慢就會專心一念在方法上。

貳、宏智正覺禪師默照禪

一、〈坐禪箴〉

現在開始講宏智正覺的語錄。

宏智正覺的著作相當多，我從《宏智禪師廣錄》中，選了些跟修行默照方法有關的，挑了幾則來講解，做為課題的依據。請諸位珍惜這段禪七的時間，因為，我下次什麼時候來？或者會不會再來？都不知道；而且，修默照禪的人很少，能夠講默照禪的人更少，諸位聽了後，即使不用也沒關係，但是，要用心地聽。

首先介紹宏智正覺的〈坐禪箴〉，就是坐禪的箴言；它是對坐禪人的忠告，對坐禪人的金玉良言，它的全文如下：

佛佛要機，祖祖機要。不觸事而知，不對緣而照。不觸事而知，其知自微。不對緣而照，其照自妙。其知自微，曾無分別之思。其照自妙，曾無毫忽之兆。曾無分別之思，其知無偶而奇。曾無毫忽之兆，其照無取而了。水清徹底兮，魚行遲遲。空闊莫涯兮，鳥飛杳杳。

佛佛要機，祖祖機要。

佛佛是指三世諸佛，過去、現在、未來，還有十方的佛，它的根本點就是明心見性的清淨心；清淨的本心和涅槃的妙性，佛與佛之間，彼此心、性相通，這叫要機。而祖師們雖然經過一重一重的悟境，不論是大悟、小悟，但尚未成佛，在成佛的過程，還有機關的要領、要點、樞紐要開，用什麼開？就是用「默照」。如同陰電、陽電一接觸時，就會打雷閃光；祖師們已經知道如何接觸心、性，所謂觸機而悟，機就是心性，碰到它、觸到它時，自然就會開悟。

不觸事而知，不對緣而照。

事，就是相對之境界。有事、無事都是事，有念、無念都是執著；但是，心境清清楚楚、明明白白。不觸有事，不觸無事，並不等於是無知的人或死去的人，實際上，「不觸事」就是講默，「而知」是照。

緣，是指境界。外的境界及內的境界，外境界是對身外環境而產生之心理現象，內境界是指自己內心的思想，像回憶、記憶、猜測、推敲、思考等。既不緣外境，也不緣內境，而境界是清楚、明朗，如同鏡子一般，鏡子本身並沒想照什麼東西，但是，在鏡子前出現的任何東西，均可被照映到鏡中。此處指心就像一面鏡子，有照的功能；但是，沒有對內、對外一切現象之執著及分別，故稱「不對緣而照」。

這二句話，都是默中有照、照中有默。

不觸事而知，其知自微。不對緣而照，其照自妙。

因為不觸事，所以照的功能很強；因為默，所以照的功能更微細。譬如說，當我們用肉眼來看風景時，一眼望出去，不可能將每一點、每一個人，甚至眉毛、汗毛都在視野的範圍之內，為什麼呢？第一是肉眼遲鈍，第二是我們的頭腦，本身有分別心，對某部分有興趣，或者沒興趣；然而，用高性能照相機的鏡頭來照時，在很短的幾分之一秒時間內，可以將鏡頭內的每一樣東西清清楚楚地拍攝進去。因此，當心沒有主觀的自我時，才能接觸到佛性。從現象的表面是看不到佛性的，對現象不起執著分別後就看到佛性，也就能看到清淨的本心和涅槃的妙性，這就是微。

聽說露絲（Ros Cutbert）要替我畫人像，並且在半小時內就能捕捉到我的形貌和神情，我想看看她是否能將我全部畫進去，而且要問她，究竟是觸事，還是不觸事；也許，過了三年，她給我一張白紙：因為，這就是師父講的「默照」。

「不對緣而照，其照自妙」，是同樣的意思。上面一句的「不對緣」是指默，下面一句是照的功能微妙。默時不接觸事，知道得更多，照時不對著任何事物攀緣，照得更透徹，悟境也更深。

其知自微，曾無分別之思。其照自妙，曾無毫忽之兆。

這是講的默照的功能，因為沒有一點分別的念頭，才能將佛性體驗得那麼清楚，雖然在照時，佛性是如此透徹、如此微妙，但是，沒有一絲一毫的現象曾經發生過，沒有可以講給他人聽的，沒有讓你有東西留在心中的。佛性就是這個涅槃妙性，也是絕對的空性。

曾無分別之思，其知無偶而奇。

這二句是接著前句連下來的，反覆地將默照時沒有分別之念頭，講得更透徹。心中沒有單數、偶數之分別，但是很清楚，這是一個或者是二個。譬如說，這裡有二個茶杯，當在用默照時，不會說它是二個茶杯，只是很清楚地有東西在那裡，但沒有一個或二個茶杯之分別，其實，杯子只是個名詞，連這個東西是杯子的念頭都不需要有。

一切都是有的，但是不給它名字、給它好壞、給它左右、給它上下；主要的目的，就是不要引起執多執少、執有執無的煩惱。

知而不執著，對其他人來講，還是要有名字，就像這裡有男眾、女眾、東方人、西方人，別人問我這是什麼人時？我很清楚這是男人、女人，那是東方人、西方人，但是對正在用功修行的那個人來說，不必有這些分別心；有分別心、有執著心時，就是不平等的，而是差別心，也就見不到佛性了。

曾無毫忽之兆，其照無取而了。

沒有現象，沒有痕跡；因為沒有痕跡所以無取，沒有想要什麼或捨棄什麼。但是，問我是否需要喝茶、睡覺、吃飯呢？生活必需品當然要呀！生活中的各種事情照樣要做。不過要歸要，做歸做，心中不留善不善等許多思量。就如鳥在空中飛過了之後，不會留下一絲痕跡。這裡的「了」，就是什麼事情都照樣地做，隨時地了。

水清徹底兮，魚行遲遲。空闊莫涯兮，鳥飛杳杳。

這四句詩的表面有水、有魚、有天空、有飛鳥。其實是形容默照禪的悟境。「水清徹底兮」，實際上根本看不到水，也可以說沒有水。「魚行遲遲」，並不是魚游得慢，而是在時間上等待、等待，始終沒有看到魚游出來。

「空闊莫涯兮」，好像有一個無限的空間，其實，既然是無涯，空間並不存在。「鳥飛杳杳」，在這無涯的空間之中，往四處六方乃至十方，深遠地望出去，連一隻飛鳥的蹤跡都已經不見了。這是說的既無空間，也無飛鳥。

這首詩，描寫在時間和空間之中，都是那麼地寧靜，當然也沒有自我中心執著。魚和水、鳥和空，都是相對的境，它的境界就是默照同時。諸位現在還沒有到那樣的層次，也許，一望出去，水底好多魚，水卻是渾的；天上好多鳥，空中卻有烏雲。想看魚時，結果出現了螃蟹；想等鳥時，結果看到了飛機。

二、《宏智禪師廣錄》

（一）田地虛曠，默照佛性

昨天及前天晚上，講的是方法及宏智正覺默照禪的〈坐禪箴〉，今天繼續宏智正覺禪師之語錄，講默照禪的開示，原文如下：

田地虛曠，是從來本所有者。當在淨治揩磨，去諸妄緣幻習，自到清白圜明之處，空空無像，卓卓不倚。唯廓照本真，遺外境界，所以道：「了了見無一物。」箇田地是生滅不到，淵源澄照之底，能發光能出應。歷歷諸塵，枵然無所偶，見聞之妙，超彼聲色，一切處用無痕、鑑無礙，自然心心法法，相與平出。古人道：「無心體得無心道，體得無心道也休。」進可寺丞，意清坐默。游入環中之妙，是須恁麼參究。

田地虛曠，是從來本所有者。

這兩句是由默照所見的佛性，即是指清淨的心和虛空的性，它是無限的，是無邊的，事實上，眾生從無始以來皆有佛性，因為佛性是空性；是完全平等、完全相通、完全相同的。

為什麼叫「田地」呢？因田地能化腐朽為神奇，人們將用過的、吃過的、剩下的，或者排泄出來的東西，還給田地。這些廢物變成肥料後，田地又再長出五穀。

田地的意思有兩種，凡夫所種的業田，是以貪瞋邪見為種子，長出的是煩惱的草、痛苦的果，為人們帶來許多的不自由、不自在；佛菩薩種的福田，是以持戒、禪定、智慧為種子，長出的是慈悲、解脫、般若、涅槃的果，不但自己用，同時也給眾生享用。

當在淨治揩磨，去諸妄緣幻習，

把妄想、攀緣以及幻境的習氣，不斷地用默照的工夫，擦拭、揩磨，直到非常清淨、無染、圓滿、光明時，佛性就顯現了。

有位禪者開悟以後，當時沒有人知道他已開悟，有一天，老師叫他去河邊洗米，洗完了，米也不見了，中午燒飯時，人家問他：「米呢？」他說：「不是叫我洗米嗎？」又問他：「那麼，洗好的米在哪裡呢？」他說：「我只知道要洗米，但是米不知道洗到哪裡去了？」因此，沒有佛性這樣的東西，把煩惱摩摩擦擦，擦到最後，沒有一個清淨的佛性是可以拿給人看的，就像這位禪者，把米洗不見了一樣。不過諸位聽了這個故事，如果也模仿著做是沒有用的。

自到清白圜明之處，空空無像，卓卓不倚。

清白是絕對的清淨無染，實際上，就是默和照，默是清淨無染，照是智慧圓明，清清楚楚地，此時，煩惱和佛性都沒有了。認為佛性是空性，執著空是佛性，也是不對的，心中沒有任何攀緣，沒有一點痕跡，這是「空空無像」。佛性是絕對的獨立，沒有地方可以倚靠，但是非常地清楚，這是開悟的人，告訴我們默照禪最後的境界是「卓卓不倚」的。

唯廓照本真，遺外境界，所以道：「了了見無一物。」

「廓然」，是廣闊無限的意思，心境無限宏大，清楚地覺照著本真的佛性，這時候，沒有與自我相對的外在境界，沒有一樣東西是存在於清淨的佛性之外；十方的空間，三世的時間，無非出於自心的顯現，心外無一物，自心也非物，所以「了了見無一物」。自心中的佛性即是空性，到了這個程度時，清楚地知道心中沒有痕跡，沒有任何東西可以接觸，可以攀緣。

箇田地是生滅不到，淵源澄照之底，能發光能出應。

「田地」即指佛性，它是本來就在那裡，所以是不生不滅的，只有等到開悟時，佛性才會顯露，就像一個無底而清澈的深淵，而且它便是水的源頭，無止盡的有水湧出來，它能產生光的功能，產生反應的作用。

許多人聽了佛性是空的以後，會覺得要成佛、要開悟做什麼？反正都是空的！事實上，開悟是心中不執著任何東西，但是慈悲與智慧的功能還在；因此，未開悟的人，雖然沒有實證到佛性，但是可以體會、學習、模仿，當自己有煩惱時，應該鼓勵自己回到佛性的源頭來。

歷歷諸塵，枵然無所偶，

一般的凡夫做任何事，都是為了自我中心而努力，開悟以後的人，是以平等的慈悲心，來對待如微塵數世界那樣多的眾生。對於如許微塵數世界的一切現象，既不混淆也不參與。心中既沒有自我，也沒有對象；沒有幫眾生的忙，也未做了奉獻的事。

見聞之妙，超彼聲色，一切處用無痕、鑑無礙，

徹悟以後的人，不僅僅是用肉眼所見，用肉耳所聽；而是超越於用眼、用耳。對於所處之環境，所見、所聞、所接觸到的一切，是用智慧的心眼看、心耳聽，不是我在見聞，而是眾生的形相及聲音產生的反應。雖然很清楚踏實地體會到了這一切環境，在心中不留瞋愛等痕跡，故也沒有親疏、厚薄、遠近等障礙。

來這裡主持禪七之前，禪中心有一個對西方人開的初級禪訓班，正由我的一位弟子在教課，他在黑板上寫的字很細、很小，而且說話聲音很低，他就沒有考慮到後邊的人聽不到、看不見。

我看到的時候，課已經快上完了，我問他：「你沒有想到後邊的人，他們看不到你寫的字及聽不到你講的課嗎？」他說：「他們沒有講啊！」於是我到後面，問學生們的反應，好多人都說聽不清楚也看不清楚。當時，我就責備這位弟子，怎麼不為人家設想呢？其實，我一看到上課的情形，就知道是有問題的，這倒不是因為我的智慧高，而是我的弟子年輕沒有經驗。

自然心心法法，相與平出。

雖然一切都是無障礙的、無痕跡的，但是，一切都還是有的，有心理的活動，也有活動之對象：心中沒有喜歡不喜歡，沒有執著，平等地對待一切；即使成了佛，也是照常要度眾生。

有人會問，如果有先生、有太太的人開了大悟，那麼，是否還要先生、還要太太呢？眾生都是平等的話，那麼，太太和女兒是否一樣呢？或者自己的丈夫跟人家的丈夫是不是一樣的呢？如果懂了「自然心心法法」，不一樣的事物，還是不一樣的，否則悟後的人豈不成了白癡！

中國禪宗史上，有位龐居士，他有太太、有女兒，而且全家人都開悟了，但是，他們沒有因開悟而離婚，也沒有因開悟而父女不相認。

古人道：「無心體得無心道，體得無心道也休。」

古時候有人這麼說：「禪的最高境界，即為無心。無心就是沒有自我、沒有執著，先學習放下自我執著，那才能經驗到無心無相的禪法及佛道；相反地，當你已經體會到什麼是無心，那就不需要修道，也無道可修了。

進可寺丞，意清坐默。

即使是已經開悟的人，要繼續修行，也是要替人服務，並且承擔很多事。「寺丞」是中國古代的官職，悟後仍可做官。但是，在心裡等於沒有做什麼事。心有感受，而沒有情緒；有慈悲，而沒有你我。此身雖然處於日常生活中，此心猶在坐著默照禪。

游入環中之妙，是須恁麼參究。

如果想要知道進入這個開悟的境界，究竟是怎麼樣地微妙，就必須照著上面所講的，好好地努力！

（二）真實做處，靜坐默究

真實做處，唯靜坐默究，深有所詣，外不被因緣流轉，其心虛則容，其照妙則準。內無攀緣之思，廓然獨存而不昏，靈然絕待而自得。得處不屬情，須豁蕩了無依倚；卓卓自神，始得不隨垢相，箇處歇得。淨淨而明，明而通，便能順應，還來對事，事事無礙。飄飄出岫雲，濯濯流澗月，一切處光明神變，了無滯相，的的相應，函蓋箭鋒相似。更教養得熟、體得穩，隨處歷歷地，絕稜角，勿道理，似白牯貍奴恁麼去，喚作十成底漢。所以道：「無心道者能如此，未得無心也大難。」

真實做處，唯靜坐默究，

真正修默照禪時，只有精進地靜坐，默默地觀照。默是沒有思想，究是深入而沒有雜念；默究，就是深深地默，徹底地照。

有人問我，煮飯、開車、上課教書時，是否能用默照呢？

若在工夫用得好時，即使在日常生活中，隨時隨地都能保持頭腦清楚，心情穩定。但是，我們做任何事時，身心必須一致，做什麼事就是做什麼事。在需用頭腦注意思考時，只要心緒平靜安定，不受刺激困擾而又清楚明淨，就是默照工夫。

深有所詣，外不被因緣流轉，

外邊的因緣是人、事、物等社會環境及自然環境。當這些因緣，在衝擊你、誘惑你、刺激你時，如果默照的工夫已經用到相當深的程度，就不會被打攪、也不會被牽動；這就是心不隨境轉。

其心虛則容，其照妙則準。

「其心虛則容」，正如成語虛懷若谷。山谷是虛的，永遠也不會滿，從山上不論有多少的雨水、泉水、融雪融冰的水，流到谷底時，都可以容納，因為流至谷底立即又流向谷外，入江入湖入海去了。同樣地，心中如果也是虛如山谷，大如虛空，自然就能容納萬物。不論別人是給你恭維、讚歎、批評、毀謗、猜疑、嫉妒、心緒不會有所起伏；心中沒有需要抵抗，也沒有需要追求。

「其照妙則準」就是說，默的程度是心量廣大雖如虛空，如仍有其照的功能。正因為有靜態的默然的心境，它所觀察到的判斷、處理，是絕對地恰到好處，非常地準確；這便是無我的智慧所產生的功能，對於所容納的萬物，清清楚楚，該如何處理就如何處理。

內無攀緣之思，廓然獨存而不昏，靈然絕待而自得。

「內無攀緣之思」，是說已到絕待的程度，內心當然已經沒有攀緣的意念。也就是心裡邊已沒有種種的迎拒、取捨、分別、推敲等有所思想繫念的念頭。「廓然獨存」是無相對待的存在，這時候，無論系統的思辨及散亂的妄想都沒有，只是非常清楚地知道，沒有上下、沒有左右，沒有前後，只有無邊無涯；雖然不動，但是還是非常靈敏、活潑、新鮮，而且自由自在的。「自得」，是不假外力和外緣，一切都是出於內心，是那樣地現成而非造作。

得處不屬情，

前段講的「自得」，就是自然而然，自由自在，沒有一點障礙，在這樣的情況下，跟自我意識的感「情」是不相應的。凡夫是有情眾生，都在感情中打轉，感情又分很多的層次，有親疏、厚薄、恩怨、愛恨等；不論是親情、愛情、友情、有可愛的地方，那是人間的溫馨，有麻煩的地方，那是互相困擾，糾纏不清。

事實上，凡是私情都有問題，如果將私情昇華並淨化為無私的慈悲，不論生活在何種情形下，都不會產生煩惱、痛苦，而自得其樂。故說自得之處不是屬於私情的經驗。

須豁蕩了無依倚，卓卓自神，

「豁蕩」是空谷的情況，在大山谷中，空空蕩蕩，深不見谷底，無所依靠，但又靈活自如。這是描述默照工夫的經驗，雖然沒有感情做為依靠，還能活潑、自然、有生氣地獨立存在。

始得不隨垢相，箇處歇得。

唯有這樣，才能不隨著汙垢的種種現象而轉變；到了這種無事可忙的程度時，就是煩惱心的歇腳處。實際上，就是不被煩惱所困擾，就是已經徹悟的人了。

淨淨而明，明而通，

「淨淨」，是清淨再清淨的意思。譬如說，天空沒有雲時，那個藍色的天空是不是真正的天空呢？不是的，是要藍色的天幕都沒有時，那才是真正的太虛空。因此，默照的體驗，就是任何一樣東西，都不會在心裡留下一絲痕跡，那才是清明的心境。

「明而通」，這個明是智慧，《心經》裡的「心無罣礙」，就是無處不通，沒有任何分別的情執，所以對人對境，暢通無阻。

記得我第一次來英國，簽證相當不容易，我的弟子跟我說：「師父，您常常講，您沒有一定要做的事，沒有一定要去的地方，英國不能去就算了啦！」我說：「不行，如果還有時間，我還是要試著去辦，除非時間已過，那才作罷！」

「師父，您這不是執著嗎？」我說：「不能通過的要設法通過，萬一怎麼辦也辦不出來，不能去時，我也不會煩惱。」那也是通而明的道理。

便能順應，還來對事，事事無礙。

沒有情執的煩惱時，就能左右逢源，能夠順著事物的情況。對一個有智慧的人來講，因為他沒有情執及分別心，當遇到困難時，心理上不會有一點罣礙。「事事無礙」有兩層意思：1.每一樁事物到你心中都無牽掛得失，2.一切事物之間，互相圓融通達，不相妨礙。這已是中國華嚴哲學裡的最高境界。

飄飄出岫雲，濯濯流澗月，一切處光明神變，了無滯相，

此時，智慧的心就像毫無拘束的雲，飄飄然地從山腰間徜徉出來，也好像在清澈的山澗裡，所看到的月亮那樣，非常地自由、安閒、明朗。月在天空，卻借

著處處山澗濯濯的水面，好像神通變化那般地，放出它的光明。浮雲和水月，都沒有一定的目的，不會停留於一處；雲順著山的形勢而浮遊，月亮緣著山澗而移動。這些都是在形容自心不動而智慧應緣的功能。能夠因應各種情況而產生神通變化，不論遇到方圓、長短、大小時，能適應一切環境、能處理一切現象，這就是「了無滯相」。

的的相應，函蓋箭鋒相似。

「的的相應」是完全契合的意思。像一個巧匠製造的盒蓋，蓋在盒子上，非常穩當妥貼：又像是兩個武藝高明的人，一人射箭，一人執刀，光銳的箭端卻射中薄利的刀鋒，毫髮不差。這是形容默照的功能，可以適應一切大小情況，而且絕對精確。

更教養得熟、體得穩，隨處歷歷地，絕稜角，勿道理，似白牯貍奴恁麼去，喚作十成底漢。

有了以上的默照工夫之後，還要培養得更熟練、更穩健，對任何的人、事、物等情況，都能歷歷分明，清清楚楚。這時候，已沒有自傷傷人的稜角，也不再拘泥於世間的邏輯、理論等道理，因為已經能夠適應順逆各式情境，就像你家裡飼養了工作的大白牛，也像是養著玩賞看門狐狸狗那樣地溫良馴順，那才真正是一個十成十的好漢，也就是一位大徹大悟的人。

諸位一定在想，為什麼可以不講邏輯的道理啊？我的答案是：事事講道理的人，一定都是煩惱鬼，如果不講理而有慈悲，沒有煩惱而有智慧，豈不更好？有慈悲和智慧的人，不會跟人正面衝突，一定先去適應他，再來轉變他，這才是最高的道理。

這兒的白牯貍奴，是一條馴良的大白牛，一隻乖巧的小狗。大白牛，非常溫馴，人們用牠來下田、拉磨、揹人、車水、運貨，人叫牠做什麼工牠就做什麼工，小狗是寵物，善體人意，沒有脾氣。可能又有人會說：「那完了！未開悟時，還有獨立的人格，開悟後，反而像沒有個性的大白牛、狐狸狗了。」這裡的用意不在叫人變成畜牲，而取的譬喻說，真正有慈悲和智慧的悟者，是沒有敵人及對手的。

無心道者能如此，未得無心也大難。

也只有已經到了無心程度的修行人，才能如此，沒有到達無心層次的人，要做到這樣，是很難的啊！

（一九九五年六月四日至六月十日英國威爾斯禪七開示，姚世莊居士整理錄音帶，刊於《人生》雜誌一五四—一五五期）

第四篇

〈坐禪儀〉講要

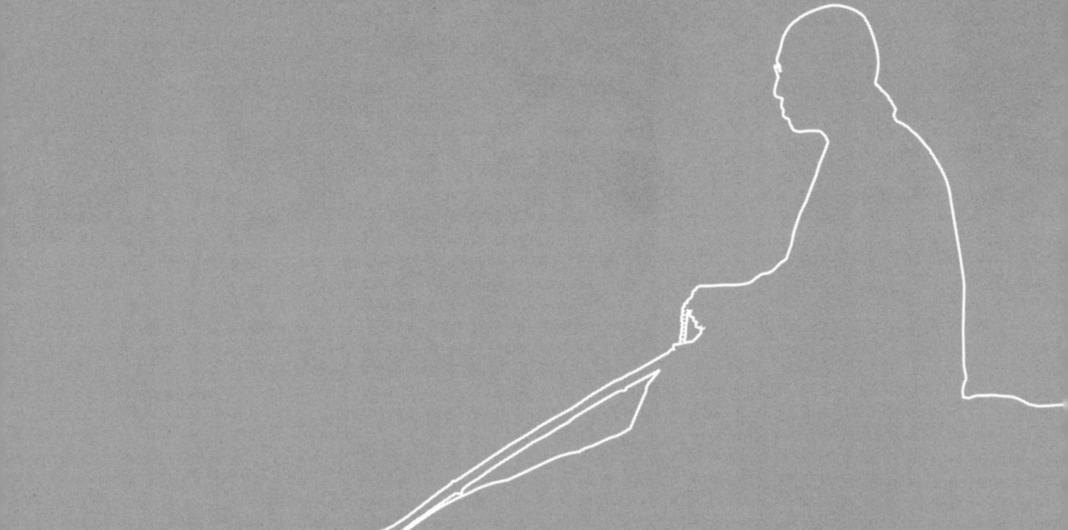

〈坐禪儀〉是宋朝元祐年間（一〇八六—一〇九三年）住於長蘆寺的宗賾慈覺禪師所撰。他曾於西元一一〇三年編述《禪苑清規》，也於一〇八九年啟建蓮華勝會，普勸道俗每日念佛，乃至千聲萬聲，可知他是一位禪淨雙修的大師。這篇〈坐禪儀〉對日本曹洞宗的影響深遠，其開祖道元禪師所撰的〈普勸坐禪儀〉，主要的內容便是來自〈坐禪儀〉。

一、坐禪須發心

夫學般若菩薩，先當起大悲心，發弘誓願，精修三昧，誓度眾生，不為一身，獨求解脫。

爾乃放捨諸相，休息萬事，身心一如，動靜無間。

第一段文字，是說禪修者如果希望開發般若智慧，當先發起大慈悲心，發廣大誓願，精勤修行三昧，不獨求個人解脫，而誓度一切眾生。其中發無上菩提心、精修三昧、誓度眾生，乃是成佛的因行，所以稱為菩薩。

第二段文字，是指禪修者當發出離一切分別攀緣之心，要「放捨諸相，休息萬事」。不論是身、是心、是動、是靜，凡遇形相，都須放捨；凡遇事相，均須休息。

這兩小段文字，指出做為一個大乘禪法的修行者，必須具備的條件是發大菩提心，誓願廣度一切眾生。如何能度眾生？必須要學習開發般若的空慧；如何開發般若的空慧？先當精勤地修行定慧不二、動靜無間的大乘三昧；如何修行大乘三昧？便是從自我的身心一如做起；何謂身心一如？便是觀心無常、觀身非我。如何能夠做到？便是「放捨諸相，休息萬事」；什麼叫作「放捨諸相，休息萬事」？便是對身心及身心所對應的六塵境中，凡事凡物的一切狀況，都不動分別執著的得失煩惱之心。

知有身心和動靜，是照的工夫；一如與無間，是默的工夫。放捨和休息，是默的工夫；知有諸相和萬事，是照的工夫——此即默照同時的用功狀況。

禪法即是離苦之法，離苦的功能來自於般若的智慧，所以《心經》要說：

「行深般若波羅蜜多時，照見五蘊皆空，度一切苦厄。」如何開發甚深的般若？發弘誓願、精修三昧，是必備的條件。何謂發弘誓願？通常是指〈四弘誓願〉，亦即「願度一切眾生，願斷一切煩惱，願學一切佛法，願成無上佛道」，為了成就無上佛道，須先發願廣度眾生、斷除煩惱；為要廣度眾生、斷除煩惱，必得精修佛法。

佛法的實踐，不出戒、定、慧的三大綱，合稱「三無漏學」。其中聲聞戒重在不犯惡行，大乘菩薩戒尤重利他善行，所以，大乘行者若不度眾生便算犯戒。〈坐禪儀〉的目的在於教授坐禪時的注意事項，於坐禪之時自然不犯惡行，《增一阿含經》卷二十中有將不殺生、不偷盜、不邪淫、不妄語、不飲酒的五戒，稱為「五大施」，所以大乘菩薩，只要再發起大悲心，便算持戒。

坐禪稱為精修三昧，這是大乘菩薩修學般若的必經過程，目的是為廣度眾生。什麼叫作三昧？原係梵文 samādhi，漢譯為定、正受、息慮凝心之意。《大智度論》卷七有云：「善心一處住不動，是名三昧。」卷二十八又云：「一切禪定，亦名定，亦名三昧。」以聲聞乘而言，三昧即指九次第禪定；以大乘菩薩而言，三昧是涵蓋聲聞的次第禪定，更是如《六祖壇經．定慧品》所說的「定慧一體」，而且更重視慧。所以《六祖壇經．般若品》特別強調修習持誦《金剛般若經》的般若三昧，天台宗則以持誦《法華經》名為修持法華三昧。

此處〈坐禪儀〉所稱的三昧，主要是在於打坐，若以天台智者大師在《摩訶止觀》中所舉的四種三昧而言，此處應屬於常坐三昧，無怪乎日本曹洞宗主張用「只管打坐」來修般若智慧，鼓勵採用〈坐禪儀〉的教導，做為坐禪者的入門方便。

二、善調諸事

量其飲食，不多不少。調其睡眠，不節不恣。欲坐禪時，於閑靜處，厚敷坐物，寬繫衣帶。

若依天台家的修禪之法，先要具足二十五種方便，分為五科，其中的第四科，名為「調五事」，即：1.調心——不沉不浮，2.調身——不緩不急，3.調息——不滑不澀，4.調眠——不節不恣，5.調食——不飢不飽。〈坐禪儀〉在此處，僅說調飲食及調睡眠二事，然於後文中，也講到調身、調息、調心。

又依天台家的修禪二十五方便之第一科，名為「具五緣」，即：1.持戒清淨，2.衣食具足，3.閑居靜處，4.息諸緣務，5.近善知識。〈坐禪儀〉此處，僅說「於閑靜處」。但在前文已說「起大悲心，發弘誓願」，如要做到，必定要持戒清淨；從「量其飲食」及「寬繫衣帶」來看，已是天台所說的「衣食具足」了；「放捨諸相，休息萬事」，則已息諸緣務了；而若依〈坐禪儀〉整篇教誡禪坐的各項準則修行，也可視作親近善知識的功能了，當然，最好還是聽聞善知識講解，而不是自己揣摩文句意義。

我們法鼓山在教授初級禪坐方法的課堂上，也會介紹調飲食、調睡眠、調身、調息、調心的方法；同時也會說明坐禪的空間場所、時間段落、氣溫、光線、避風，以及坐禪穿的寬鬆衣服、輕柔坐墊等，相關內容也可參看我的《禪的體驗．禪的開示》一書。

令威儀齊整，然後結跏趺坐。先以右足安左髀上，左足安右髀上。或半跏趺坐亦可，但以左足壓右足而已。

次以右手安左足上，左掌安右掌上，以兩手大拇指面相拄。

這兩段文字，是講坐禪時的兩腳及兩手安放的位置，以及坐禪的姿勢。「威儀齊整」及「結跏趺坐」，是標準的坐禪姿勢。四大威儀是「行如風，立如松，坐如鐘，臥如弓」，因此，坐的威儀是安然不動。

打坐的標準坐法，稱為結跏趺坐的雙腿盤坐，這是佛陀的坐法，亦有兩種：1.吉祥坐——先以右足安於左大腿上，後以左足安於右大腿上。2.降魔坐——先以左足安於右大腿上，後以右足安於左大腿上。（編案：本書關於吉祥坐與金剛坐的敘述，與傳統說法剛好相反，相關內容可參見《一切經音義》卷八）〈坐禪儀〉所說的便是吉祥坐了。

依據《大智度論》卷七的解釋：「諸坐法中，結跏趺坐，最安穩、不疲極，此是坐禪人坐法。」不過，這種雙盤腿的坐禪姿勢，並非人人能夠訓練得來，縱然能夠練會，也不是人人能夠經常採用，所以〈坐禪儀〉亦允許採用名為半跏趺坐的單盤腿坐法，只要求以左足壓於右大腿上就可以了，甚至僅將一足安於另一足的小腿上，也是可以的。

在我們的禪堂裡，為了適應各種狀況的禪眾需求，還可以採用交腳坐、跪坐、如意坐、騎鶴坐、小凳坐、椅子坐等方法。只要是各自坐得最舒服、最持久、最安定的坐法，就是最好的。當然，以一般狀況而言，雙盤及單盤是坐得比較久的，所以是主要的坐法。

至於兩手安放的姿勢，是以右手掌向上安放在足上，左手掌向上安放於右手掌上，兩隻大拇指輕輕相拄，虎口相對，構成一個圓形，這在密教稱之為「法界定印」，是大日如來入定的智印。

徐徐舉身前欠，復左右搖振，乃正身端坐，不得左傾右側，前躬後仰。令腰脊頭項骨節相拄，狀如浮屠。又不得聳身太過，令人氣急不安。

要令耳與肩對，鼻與臍對，舌拄上腭，唇齒相著。目須微開，免致昏睡。若得禪定，其力最勝。古有習定高僧，坐常開目；向法雲圓通禪師，亦訶人閉目坐禪，以謂「黑山鬼窟」，蓋有深旨，達者知焉。

身相既定，氣息既調，然後寬放臍腹。

這四段文字之中，說明在盤腿結手印之後，宜將身子微向前伸，然後將身子左右搖動，以確定在坐墊上平穩、舒服、端正地坐妥了；不得讓身子左傾右斜、歪歪倒倒，也不得讓身子彎腰弓背、仰頭後翻。

此時的後腰、脊椎、頸項、後腦部位的每一節椎骨，都應成一條垂直線，節節相拄，此時的坐姿，由外看來，就像一座寶塔。塔古稱「浮屠」，因為在塔中供奉佛陀舍利，浮屠是窣堵波（stūpa）的轉音。禪坐時的身子如塔一般地四平八穩，由於身安而心易安，才易入定。但須留心，也不得將身子向上提聳，似乎想把塔身拉高，那會使你的呼吸急促，心反而不能安定。

我常教人在禪坐時，先把身體放輕鬆，從頭部到小腹均不用力。取一個舒適的坐姿後，做頭部運動及三次深呼吸，然後確定坐得平穩，將重心或重量感置於臀部與蒲團之間。此時下顎內收，頭頂向天，頭頸自然與脊椎成一直線，後腰挺直，此時除了腿膝或有一些緊張感之外，全身的關節和肌肉都是放鬆的狀態。

此時由於身子已像一座寶塔，所以兩耳的耳垂，一定是和肩頭成一垂直的角度。肩頭勿提、勿壓、勿往後張、勿向前收，自然放鬆；手臂和手腕，也自然隨掌放置，不要用力，不再管它。

此時的嘴唇宜輕閉，上下牙齒宜輕扣，舌尖宜輕觸上顎，如果發覺唾液太多，則舌尖不用力，不抵上顎、不注意口液狀況，偶爾把口液嚥下喉去。

原則上雙目宜開二分閉八分，不要用眼睛注視任何景物，保持視而不見的態度，你的心眼是用在方法上，不在視線上。睜開眼睛可以減少昏沉及幻覺、幻境的出現；如果入定，則較閉眼的狀態更有力、更好。所以古來習定的高僧，坐禪時經常保持睜開眼的方式，例如法雲圓通禪師就訶斥閉目坐禪的人，說那容易落於「黑山鬼窟」，也就是黑暗空洞和無記寂靜的邪定狀態，好像是在入定，其實暗鈍無記。所以永嘉玄覺禪師的〈奢摩他頌〉說「惺惺寂寂是，無記寂寂非」，是以開眼保持照而常默的用心狀態，不可變成默而不照，即無記的木然狀態。

不過初學禪坐者，若閉上眼睛比較容易攝心、安心，也不妨閉目而坐，待能安定時便張開二分，以四十五度斜角的視線，投置於座前二或三呎處，那裡最好是柔和且單一顏色和形式，否則易分心而生幻影，然後便不再注意視線。若遇昏沉境及身心的幻境出現時，可把雙眼張開，甚至盡量張大，昏幻立即消失。

以上是禪坐的身相，是具備了安全、健康的調身準則。接著便是調氣息；禪坐之時，必須放鬆腰帶，最好也能穿著比較寬鬆的衣服。先做三次深呼吸，每次均緩緩彎腰、雙掌輕壓小腹，徐徐吐氣至盡，再抬身起腰，然後雙掌離開小腹，徐徐吸氣至滿。

然後坐穩，留意呼吸從鼻端自然出入的感覺，不可控制呼吸的長短深淺和快慢大小，一任平常的自然呼吸。不特別蓄意引導成腹式呼吸，待呼吸順暢時，橫膈膜自然下降，也就自然轉為腹式呼吸；也不用特別注意小腹的蠕動感覺，否則，雖能安心，卻不能入定。

一切善惡都莫思量，念起即覺，覺之即失，久久忘緣，自成一片。此坐禪之要術也。

這一段文字，是說明坐禪時的調心方法。此處的「一切善惡都莫思量」，在〈坐禪儀〉出現之前，已有不少的禪宗祖師提起，例如：

1. 四祖道信的〈方寸論〉曾說：「任意縱橫，不作諸善，不作諸惡，行住坐臥，觸目遇緣，總是佛之妙用。」

2. 五祖弘忍的〈修心要論〉（編案：〈修心要論〉又名〈最上乘論〉）有云：「夜坐禪時，或見一切善惡境界，……但知攝心莫著。」

3. 六祖惠能的《六祖壇經》的〈行由品〉中教授惠明上座的調心方法有云：「不思善，不思惡，正與麼時，那個是明上座本來面目？」〈坐禪品〉又云：「外於一切善惡境界，心念不起。」〈宣詔品〉有示內侍薛簡云：「但一切善惡都莫思量，自然得入清淨心體，湛然常寂，妙用恆沙。」這些都是默照同體的典型。

因此，〈坐禪儀〉的調心方法，僅用「一切善惡都莫思量」這句話就夠了。

若能自知正在保持著「一切善惡都莫思量」的心境，便是默而常照、照而常默。如果偶有妄念心起，也會立即覺照；覺照心生，妄念便失其蹤跡了。若能持之以恆地練習使用這種方法，久而久之便會忘了能緣的覺照之功，以及所緣的妄想之心，那就是統一心現前，自成一片了。

「自成一片」即是默照同時，可有三個層次：1.身心的統一；2.內外的統一；3.對立和統一的超越，便是清淨心體的顯現，既是「湛然常寂」，又能「妙用恆沙」。

三、安樂法門

竊謂坐禪乃安樂法門，而人多致疾者，蓋不善用心故也。若善得此意，則自然四大輕安，精神爽利，正念分明，法味資神，寂然清樂。若已有發明者，可謂如龍得水，似虎靠山。若未有發明者，亦乃因風吹火，用力不多，但辦肯心，必不相賺。

前面一段文字是說，若已懂得如何調理以上所說諸事，坐禪乃是使得身心安樂的法門；至於許多人由於坐禪而使身心受到傷害，得了禪病，那是不善用心的緣故。這是點出坐禪的觀念和心態若不正確，便會惹上麻煩。如能依照以上所介紹的坐禪準則來做的話，四大的身體自然輕安，精神也會爽快俐落，便能念念正念分明，禪悅資益，心神充沛，寂靜、清淨、安樂的定境，也就會現前了。

第二段文字是說，依此準則坐禪者，若對已經發明心地的悟後之人而言，就像神龍得水能自由變化，興雲降雨，又像猛虎奔山，任意自在無所畏懼。如果是尚未發明心地之人，亦能像是風助火勢，用力不多而功效倍增。

總結這兩段的文意，只要能夠明辨正確的用心方法，就一定不會吃虧的。

> 然而道高魔盛，逆順萬端。但能正念現前，一切不能留礙。如《楞嚴經》、《天台止觀》、圭峰《修證儀》，具明魔事，預備不虞者，不可不知也。

此所謂「道高魔盛，逆順萬端」，是指坐禪者若無健康的心理準備，坐禪的工夫愈精進，求悟之心愈殷切，外魔的干擾也會愈嚴重，即使現種種瑞相神異，也都能使坐禪之人誤入魔道。逆境使你恐怖、受阻，順境使你得少為足；若能時時保持正念現前，外魔就無奈你何了。所謂「正念」，便是〈坐禪儀〉開始所說「誓度眾生」的大悲弘願，而「不為一身，獨求解脫」。並且「放捨諸相，休息萬事」，記取《金剛經》的「凡所有相，皆是虛妄」，《六祖壇經》的「一切善惡都莫思量」，就能免除一切魔境的留礙了。

至於坐禪者可能遇到的順逆諸種魔境，有三部聖典可資詳細查考：

1.《大佛頂首楞嚴經》第九卷。

2.天台智顗的《摩訶止觀》卷第八下〈觀魔事境〉章，說魔有四類：⑴陰魔屬陰入境，⑵煩惱魔屬煩惱境，⑶死魔屬病患境，⑷天子魔又有三類，即：慥惕鬼、時媚鬼、魔羅鬼；坐禪者的心念不正，便易招致種種魔發之相。

3.圭峰宗密的《圓覺經修證儀》第十七卷〈辨魔〉章，也對發魔的種種狀況詳加說明。

以上三書，前二部收在《大正大藏經》中，第三部則被收在《卍續藏經》中。坐禪者最好能具此預備知識，令坐禪之中不受魔擾，不會求升反墮而落入邪魔外道，去做魔外的子孫。

若欲出定，徐徐動身，安詳而起，不得卒暴。出定之後，一切時中，常作方便，護持定力，如護嬰兒，即定力易成矣。

這是教誡坐禪之人，要出定時先將身子輕緩搖動，然後安詳地站起來，不可以快動作，急著起身行走。我還要求禪修者於下座之前，先將雙掌擦熱，輕按雙眼，並做全身按摩後，始可起立行走，否則可能引起視線失衡及心臟劇烈跳動等狀況，乃至發生突然暈倒的危險。

出定下座之後的平常生活中，仍應隨時隨處用默照的禪修方法，對一切狀況都是清清楚楚，不受逆順各種境界的影響而起情緒的波動，以護持在坐禪時培養的定力；且要像保護初生嬰兒那樣，才容易使得已有的定力持續成長。因此，我也常常勉勵禪修者，必須養成在境上鍊心的習慣。每次打完禪七，才是新一個禪修階段的開始，那便是將禪七中所聞所學的坐禪觀念、坐禪態度及坐禪方法，運用到日常生活中。

四、禪定是急務

夫禪定一門，最為急務。若不安禪靜慮，到這裡總須茫然。所以探珠宜靜浪，動水取應難。定水澄清，心珠自現。故《圓覺經》云：「無礙清淨慧，皆依禪定生。」《法華經》云：「在於閑處，修攝其心。安住不動，如須彌山。」

對於修學般若的菩薩而言，禪定的工夫是最急的要務。若不能安住於大乘的如來禪，光修四禪八定的靜慮工夫，縱然到了深定之處，總還是與般若的智慧無緣，所以依舊是茫然的凡夫。並以譬喻說明定力與智慧的關係：定力如靜水，智慧如心珠。入海探珠，宜於浪靜之時，若想從波濤洶湧中入海探尋珍珠，就很難了；若能先以定力，澄清心海之水，心海中的智慧明珠，便可自然顯現了。

又舉兩段經文，證明修習禪定的重要性。一是在《圓覺經．辨音菩薩章》中，佛說一切菩薩，欲得心無障礙的般若清淨智慧，無一不是依禪定生起。二是如《妙法蓮華經．安樂行品》的偈語所說，當在閑靜之處，修持攝心的方法，安住在不動的禪定中，穩定猶如須彌山那樣。其實，類似鼓勵習定的經證相當多，此處列舉兩例，是以說明定慧具足的重要性和必然性。

是知超凡越聖，必假靜緣，坐脫立亡，須憑定力。一生取辦，尚恐蹉跎，況乃遷延，將何敵業？故古人云：「若無定力，甘伏死門。掩目空歸，宛然流浪。」幸諸禪友，三復斯文，自利利他，同成正覺。

由此可知，若期超越凡夫境界，進入聖人位次，閑靜的因緣是必須的。古來修行人之中，有的能夠自主生死，並且可以隨其心力，坐著化去，立著脫身，自由自在，憑的都是深厚的定力。至於一般的精勤禪修之士，剋期取證，一生成辦解脫大業，尚且恐怕荒廢了光陰；更何況懈怠遷延，不能精修之士，怎麼能敵得過被業力引著走的危險！

所以古人曾說，如果沒有禪定之力，便自甘臣服於死門之前，猶如掩目觀光，空過而歸，那就是流浪生死的可憐憫者了。

諸位習禪的道友，應該再三地複誦這幾句古人之言，用來自利利他，同成正等正覺的無上菩提。

附記：這篇〈坐禪儀〉，我曾於多次默照禪期中講解，尤其是禪四十九、禪十四，以及最近的禪七，都曾講過。翁惠洵菩薩依據錄音帶整理成文，由於略嫌鬆弛，故在二〇〇一年十二月二十五日至二〇〇二年元旦的默照禪七期中，邊講邊寫，完成了這篇講要，以供後人參考。

〈坐禪儀〉

長蘆宗賾

夫學般若菩薩，先當起大悲心，發弘誓願，精修三昧，誓度眾生，不為一身，獨求解脫。爾乃放捨諸相，休息萬事，身心一如，動靜無間。量其飲食，不多不少。調其睡眠，不節不恣。欲坐禪時，於閑靜處，厚敷坐物，寬繫衣帶。令威儀齊整，然後結跏趺坐。先以右足安左髀上，左足安右髀上。或半跏趺坐亦可，但以左足壓右足而已。次以右手安左足上，左掌安右掌上，以兩手大拇指面相拄。徐徐舉身前欠，復左右搖振，乃正身端坐，不得左傾右側，前躬後仰。令腰脊頭項骨節相拄，狀如浮屠。又不得聳身太過，令人氣急不安。要令耳與肩對，鼻與臍對，舌拄上腭，唇齒相著。目須微開，免致昏睡。若得禪定，其力最勝。古有習定高僧，坐常開目；向法雲圓通禪師，亦訶人閉目坐禪，以謂「黑山鬼窟」，蓋有深旨，達者知焉。身相既定，氣息既調，然後寬放臍腹。一切善惡都莫思量，念起即覺，覺之即失，久久忘緣，自成一片。此坐禪之要術也。竊謂坐禪乃安樂法門，而人多致疾者，蓋不善用心故也。若善得此意，則自然四大輕安，精神爽利，正念分明，法味資神，寂然清樂。若已有發明者，可謂如龍得水，似虎靠山。若未有發明者，亦乃因風吹火，用力不多，但辨肯心，必不相賺。然而道高魔盛，逆順萬端。但能正念現前，一切不能留礙。如《楞嚴經》、《天台止觀》、圭峰《修證儀》，具明魔事，預備不虞者，不可不知也。若欲出定，徐徐動身，安詳而起，不得卒暴。出定之後，一切時中，常作方便，護持定力，如護嬰兒，即定力易成矣。夫禪定一門，最為急務。若不安禪靜慮，到這裡總須茫然。所以探珠宜靜浪，動水取應難。定水澄清，心珠自現。故《圓覺經》云：「無礙清淨慧，皆依禪定生。」《法華經》云：「在於閑處，修攝其心。安住不動，如須彌山。」是知超凡越聖，必假靜緣，坐脫立亡，須憑定力。一生取辦，尚恐蹉跎，況乃遷延，將何敵業？故古人云：

「若無定力，甘伏死門。掩目空歸，宛然流浪。」幸諸禪友，三復斯文，自利利他，同成正覺。

（錄自《禪苑清規》卷八，《卍續藏》一一一．九二〇—九二一頁）